सभ्यता, संस्कृति और नियमित व्यवस्था ही भारत...भविष्य

सभ्यता, संस्कृति और नियमित व्यवस्था ही भारत...भविष्य

कुमारी परवीन प्रकाश

सभ्यता, संस्कृति और नियमित व्यवस्था ही भारत...भविष्य

कुमारी परवीन प्रकाश

ISBN : 978-93-5128-016-3

मूल्य : 450

भारत में सन् २०१४ में प्रकाशित
कल्पाज़ पब्लिकेशन्स,
सी–३०, सत्यवती नगर,
दिल्ली – ११००५२
Phone : 9212142040
ई–मेल : kalpaz@hotmail.com
टंकण कार्य : शुभम प्रिंटर्स, नई दिल्ली
मुद्रितः जी. प्रिंट प्रोसैस, दिल्ली

समर्पित

ये किताब

हमारे परमेश्वर जी,

हमारे माता–पिता जी

श्रीमती प्रकाश – श्री ओम् प्रकाश

और

भारत देश को

समर्पित करते हैं।

विषय-सूची

प्रस्तावना

भारत देश सभ्यता और संस्कार प्रधान देश है। भारत की संस्कृति संपूर्ण विश्व में शोभायमान है, जो संपूर्ण मानव जाति को अपने उज्जवल प्रकाश से उन्नति और विकास की ओर अग्रसर करती है। हमारा देश प्राचीन काल से ही संस्कारों को महत्त्व देता रहा है और इस प्रकार सदैव संपूर्ण विश्व को सत्य, प्रेम अंहिसा, एकता, सहयोग, भाईचारा, त्याग, मानवता आदि का ज्ञान प्रदान करता रहा है। अपने इन्हीं संस्कारों के आधार पर भारत पूरे विश्व में अपनी अलौकिक और अखंड सदाचारी छवि को महान् बनाता रहा है। लेकिन वर्तमान में असभ्य वातावरण और संस्कार–हीन समाज की वजह से भारत अपने व्यक्तित्व को एक तरह से खोता जा रहा है जो भारत देश के भविष्य के लिए उचित नहीं है।

इस कदर सभ्यता और संस्कारों से
आज बिछुड़ रहा है समाज
के तज़बजुब दौर से गुजर रहा है देश।

फिक्र है भविष्य की देख ऐसे हालात
के अभी से इस युदा माहौल को
संभालने की जरूरत है,

'हम एक हैं'–इस एकता की हिफ़ाजत के लिए
प्रेम से सबको मधुर होना होगा

के सभी राष्ट्रप्रेमियों को एकजुट होकर
सत्य से यूं संकल्पबद्व होना होगा,

तभी परिवर्तन का आगाज़ है
जो महान् भारत का निहार है–
जो महान् भारत का निहार है।

इस प्रकार हमें हमारे देश की युवा–पीढ़ी (हर क्षेत्र से सबधित) पर पूरा विश्वास है कि वह भारत की जो वास्तविक छवि मौजूदा माहौल और व्यवस्था की वजह से धुंधला गई है–उसे अपने निर्मल कर्मों से फिर शुद्धता प्रदान करेगी और भारत देश में एक नई सदाचार से आलोकित उज्जवल सुबह का उजाला लाएगी/फैलाएगी।

इतिहास है, भारत का सदाचार

इतिहास है सदा भारत का सदाचार,
भारतीय संस्कृति का यही सभ्य आधार।

सदाचार ही भारत का स्वरूप है,
यही सौंदर्य भारत का खिला रूप है,
यही पुरातनता, यही उपदेशों का सार।

इतिहास है सदा भारत का सदाचार,
भारतीय संस्कृति का यही सभ्य आधार।

भव्य संस्कृति अपने देश की
जिसकी महिमा का क्या व्याख्यान करें
बेशक देश में अनैतिकता है आज
हर ओर ऊंची उड़ान भरें
विश्वास है हमें फिर भी–
आएगी सभ्यता की बहार।

इतिहास है सदा भारत का सदाचार,
भारतीय संस्कृति का यही सभ्य आधार।

ऐसे भारत का निर्माण करें

सभ्यता–संस्कारों से भारत भविष्य का निर्माण करें,
जिस देश में प्रेम और एकता रहे
फिर ऐसे भारत का निर्माण करें।

न कोई हो अपराध यहां
न कोई मुफलिस रहे,
न किसी के होठों पर
अधखिली मुस्कान रहे,
टूटे हौंसले में भी
उम्मीदों की जान भरें।

सभ्यता–संस्कारों से भारत भविष्य का निर्माण करें।
जिस देश में प्रेम और एकता रहे
फिर ऐसे भारत का निर्माण करें।

माता–पिता नैतिक मूल्यों से
अपनी संतान को संवारें
युवा अपने कर्त्तव्यों को
गुणों से निखारें,
संजीदगी से व्यवस्थापक
कर्म में उतरकर

हर किसी को जीने का
अधिकार प्रदान करें।

सभ्यता–संस्कारों से भारत भविष्य का निर्माण करें,
जिस देश में प्रेम और एकता रहे
फिर ऐसे भारत का निर्माण करें,।

सभ्यता संस्कारों से भारत भविष्य का निर्माण करें,
सभ्यता संस्कारों से भारत भविष्य का निर्माण करें।

1
जिंदगी

ज़िंदगी रब का वरदान है इस सृष्टि की हरियाली है। रब ने ज़िंदगी के महत्त्व से ही सारी कायनात को संवारा है। रब की बनाई सब ज़िंदगियों में इंसान जीवन सबसे अलग और सर्वश्रेष्ठ है, क्योंकि इंसान अपनी ज़िंदगी अपने तय तरीके से जी सकता है, जो अन्य जीव नहीं जी सकते।

ज़िंदगी एक कला है, जिसे सुंदर कर्मों द्वारा जिया जाना चाहिए।

इंसान को सदा रब का शुक्रगुजार रहना चाहिए कि रब ने उसे सबसे सुंदर इंसान जीवन दिया और इस तरह **हमें** रब का शुक्रिया अदा करके इंसान बनकर ही ये जीवन जीना चाहिए न कि व्यर्थ की उलझनों में उलझकर जिंदगी को गुजारना चाहिए। जीने और गुजारने में बहुत फर्क है–जीने में जिंदगी तकदीर बन जाती है और गुजारने में जिंदगी औपचारिकता बन जाती है।

जब आप जिएंगे तो आपके साथ आपकी अंतरात्मा होगी और आप मुस्कराते हुए जिंदगी के हर मोड़ को अपनी आत्मशक्ति और आत्मविश्वास द्वारा जी सकेंगे।

जब आप औपचारिकता निभाएंगे जीने के नाम पर तो तब आप खुद को भी निराश या असंतुष्ट रखेंगे और आप खुद से जुड़े आपके अपनो को भी ऐसी जीवन शैली के असर से प्रभावित करेंगे। इसलिए ऐसे जीने का रवैया ही बदल दीजिए, जो आप को औपचारिक रूप में जीने का माहौल देता हो।

औपचारिक रूप में जीने वाले लोग ही अक्सर गुमराह भी हो जाया करते हैं, ऐसे में कभी–कभी निराश होकर वे खुद के साथ भी स्तिम निभा लेते हैं। इस शंली में जीने वाले लोग खुद को कर्महीन भी बना लेते हैं, क्योंकि ऐसे जीवन का आधार नकारात्मक स्वभाव रखता है, इसलिए इंसान को ज़िंदगी का हर दौर हौंसलों की अटूटता से सकारात्मक भाव और कर्म से जीना चाहिए।

खिल के जीना ज़िंदगी

खिल के जीना ज़िंदगी
आशाओं के उजियारे में।

होना न मायूस कभी
ज़िंदगी के गलियारे में।।

अफसाना नहीं ज़िंदगी
खुबसूरत हकीकत है

शादाब महके हर सवेरा इसका
यही कुदरत के हर जर्रे की नीयत है

उलझी राहों में भी जीना
उम्मीदों के सहारे में

खिल के जीना ज़िंदगी
आशाओं के उजियारे में
होना न मायूस कभी
ज़िंदगी के गलियारे में

नाकामयाबियों से न होना रू–ब–रू
यूं हौंसलों से आप आगे बढ़ना

गर कांटों से भी गुजरना पड़े
खुद पे आप विश्वास रखना

रब साथ सदा आपके
हर मुश्किल–ओ–अंधियारे में

खिल के जीना ज़िंदगी
आशाओं के उजियारे में

होना न मायूस कभी
ज़िंदगी के गलियारे में

2

मानवता

"मानवता सर्वश्रेष्ठ धर्म है।"

इंसान को ज़िंदगी मानव होकर ही जीनी चाहिए। अमानव होकर जीना तो इस श्रेष्ठ, पवित्र इंसान जीवन का अपमान है। आज इस दुनियां में जो भी अपराध हैं–उनकी यही तो वज़ह है कि इंसान अपना वास्तविक स्वरूप, अपनी वास्तविक पहचान भूलने लगा है–जिसकी वज़ह से समाज, देश और दुनियां में अमानवता फैलती जा रही है। लोग स्वार्थी होने लगे हैं और इसी वज़ह से वे खुद को अपराधों की राह पर गुमराह करने लगे हैं।

अमानवता से जीना बहुत आसान है, ऐसा जीवन जीने वाला इंसान स्वार्थी होकर सिर्फ पाने की ही हसरत में रहता है।

मानवता से जीना महाकठिन तपस्या है। ऐसे जीवन में पवित्रता, निःस्वार्थता है, त्याग है। **मानवता से जीना सत्य और प्रेम से जीना है। मानवता से जीने वाले लोग स्वभाव से ही ऐसे होते हैं कि जो सिर्फ किसी को दे ही सकते हैं-चाहे प्रेम के नाम पर, चाहे दुआ के नाम पर, चाहे सत्य के नाम पर, चाहे त्याग के नाम पर और चाहे विश्वास के नाम पर।**

मानवता से जीने वाला इंसान	**अमानवता से जीने वाला इंसान**
• ऐसा इंसान मुस्कराहट देता है।	ऐसा इंसान दर्द देता है।
• ये इंसान इनायत करता है,।	ये इंसान साजिश रचता है।
• ये इंसान सदाचारी होता है,।	ये इंसान भ्रष्टाचारी होता है।
• ये इंसान दुआ देता है,	ये इंसान बद्दुआ बनता है।
• ये इंसान प्रेम से ही जी–सकता है,	ये इंसान सिर्फ नफरत ही कर सकता है।

• ये इंसान सदैव सभ्य और संस्कारी होता है,	ये इंसान असभ्य और कुसंस्कारी होता है।
• ये इंसान मधुर स्वभावी होता है,	ये सदैव कटु ही बोल सकता है।
• ये इंसान कभी ख्याल में भी किसी का दिल नहीं दुःखाता।	ये इंसान कभी किसी को सुखी नहीं देख सकता और हमेशा किसी के जीवन की अड़चन और मुश्किल बना रहता है।
• ये इंसान कर्म करके पाने में यकीन रखता है,	ये इंसान बिना मेहनत किए सब बैठे–बैठे पाना चाहता है।
• ये इंसान संतोष में जीता है,	ये इंसान सदैव असंतोषी रहता है।
• ये इंसान समान भावी होता है,	ये इंसान सदैव भेदभाव करता है।
• ये इंसान आरजूओं में नहीं मकसदों में जीता है,	ऐसे इंसान की इच्छाएं हर पल बढ़ती रहती हैं।
• ये इंसान निःस्वार्थी होता है,	ऐसे इंसान का स्वभाव केवल स्वार्थी होता है।
• ये इंसान प्रेम, भाईचारे और एकता का सूत्र होता है,	ये इंसान सदैव आंतक ही फैलाता है।
• ये इंसान सदैव मासूम होता है,	ये इंसान अपराधी होता है।
• ऐसा इंसान सत्यवादी होता है,	ऐसा इंसान छल–कपटी होता है।
• ये इंसान सदैव शांत और स्थिर स्वभाव का होता है,	ये इंसान कभी एक स्वभाव में नहीं टिक सकता, इसलिए अस्थिर स्वभावी होता है।
• ऐसे इंसान दूसरों के सुख के लिए खुद को भी मिटा सकते हैं,	ऐसे इंसान अपने सुख के लिए किसी को भी चोट पहुंचा सकते हैं, किसी को भी दुःखी कर सकते हैं।

मानव और अमानव में फर्क निकालने लगें तो बेहिसाब अंतर सामने आ जाएंगे, लेकिन हमारा मकसद फर्क निकालना नहीं, उस फर्क का अर्थ समझना है। और खुद को पहचानना है कि आप कहां हैं–मानवता की तरफ या अमानवता की राह पर।

आप दुनिया की परवाह मत कीजिए, आप सच में क्या हैं आप उसकी तरफ ध्यान दीजिए।

आप इंसानियत को समझते हुए सही की पहचान कीजिए और इंसान बनिए।

''इंसानियत ज़िंदगी की सबसे बड़ी सभ्यता है।''

हर इंसान में बसते हैं रब

कभी किसी को दर्द देने की
न हसरत आबाद करना

हर इंसान में बसते हैं रब
सदा ये सत्य याद रखना।

छीनकर किसी के होठों का तब्बसुम
न हासिल कभी कुछ है होता

शादाब खिले इस जीवन को यूं
न अपराधों में बर्बाद करना

कभी किसी को दर्द देने की
न हसरत आबाद करना

हर इंसान में बसते हैं रब
सदा ये सत्य याद रखना

राह में किसी के कांटे बिछाकर
किस बुलंदी को पा लोगे।

गर इंसानियत से न जिए तो
किस रूतवे पे नाज करना

कभी किसी को दर्द देने की
न हसरत आबाद करना

हर इंसान में बसते हैं रब
सदा ये सत्य याद रखना।

3
माता-पिता

"माता–पिता साक्षात् ईश्वर हैं यही सत्य है। माता–पिता का रिश्ता आध्यात्मिकता युक्त सात्विक रिश्ता है–जिसकी तुलना किसी और रिश्ते से नहीं हो सकती है, ये रिश्ता अनमोल रिश्ता है। अन्य रिश्तों में फिर भी विकल्प हो सकते हैं, लेकिन माता–पिता के रिश्ते में कोई विकल्प नहीं होता। यह रिश्ता इतना महान् और ईश्वर तुल्य है कि जिसका शब्दों में व्याख्यान नहीं किया जा सकता।"

जीवन दाता हैं माता–पिता,
किस्मत से नाता हैं माता–पिता,
देना ही दिव्यता जिनकी,
परम अधिष्ठाता हैं माता–पिता।

माता–पिता हमेशा संतान को देने का ही स्वभाव रखते हैं–जन्म के पहले से लेकर सारी उम्र हमेशा प्रेम से देते ही रहते हैं। जन्म दिया, प्रेम दिया, दुआएं–आशीषें दीं, संस्कार दिए, ज्ञान दिया, सुविधांएं दीं–इस तरह सारी उम्र अन्य प्रकार से हमें हमेशा दिए ही रहते हैं।

ऐसे माता–पिता जो अपनी संतान की खुशियों के लिए सारी उम्र मेहनत मशक्कत करते रहते हैं उन मां–बाप के साथ आज संतान गलत सलूक किए जा रही है।

हमारे देश में माता–पिता को ईश्वर समान पूजा जाता है, यही माता–पिता के प्रति हमारे देश के संस्कार और सभ्यता है। हमारे वेद–शास्त्र, हमारे धार्मिक ग्रंथ भी हमें यही उपदेश देते हैं कि माता–पिता की वंदना ईश्वर की वंदना है, लेकिन मौजूदा दौर में हमारी यह पवित्र सभ्यता और संस्कृति खोती जा रही है।

भारत में ऐसे भी पुत्र हुए हैं जो माता–पिता प्रेमी भक्त थे:–

● हमारा देश माता–पिता और संतान के रिश्ते के तहत पवित्र और महान् इतिहास रखता है। हमारे ही देश में भगवान रामचन्द्र जी जैसे, श्रवण कुमार जैसे, गुरूनानक देव जी जैसे पुत्र हुए हैं, जिन्होंने अपने माता–पिता की प्रेम–भक्ति की है।

प्रभु रामचन्द्र जी ने अपने पिता द्वारा केकैयी, जो श्रीराम जी की सगी मां भी न थीं उनको दिए गए वचन को निभाने के लिए 14 वर्ष का बनवास स्वीकार किया था–क्योंकि उन्हें अपने माता–पिता से प्रेम था और वह अपनी केकैयी मां की प्रसन्नता हेतु अपने पिता के वचन को पिता के आदेश से प्रेम और संकल्प से निभाते हैं।

● ऐसे पुत्र जो अपनी सौतेली मां की खुशी के लिए, अपने पिता द्वारा दिए गए आदेश से महात्याग करने के आज्ञाकारी होते हैं–ऐसे पुत्र ही माता–पिता प्रेमी भक्त पुत्र होते हैं।

● वही श्रवण कुमार अपने माता–पिता को समस्त तीर्थो के दर्शन कराने के लिए कई तरह के कष्ट भोगते हैं। श्रवण की पत्नी श्रवण के माता–पिता को पसन्द नहीं करती थी वह चाहती थी कि श्रवण कुमार अपने माता–पिता को छोड़ दे। इसी बात पर श्रवण की पत्नी रोज उससे झगड़ती रहती थी। इसी तरह रोज घर में कलह का माहौल देखकर श्रवण कुमार अपने माता–पिता को साथ लेकर स्वयं घर से चला जाता है। घर से जाने के बाद वह अपने माता–पिता को तीर्थो की यात्रा कराने का सफर आरंभ करता है और इस तरह तीर्थ–भ्रमण के सफर में ही जब वह अपने माता–पिता के पीने के लिए रास्ते में कहीं किसी स्थान पर पानी लेने के लिए जाता है तो राजा दशरथ के वाण द्वारा मारा जाता है।

ऐसा पुत्र जो अपने माता–पिता के साथ खुद घर छोड़ आता है

और कंधे पर दोनों को उठाकर उन्हें पैदल चलता हुआ तीर्थ स्थानों की यात्रा कराता है–ऐसे पुत्र ही आदर्श माता–पिता प्रेमी भक्त पुत्र हो सकते हैं।

● 'महाभारत' के चरित्र राजा शांतनु और गंगा देवी के पुत्र देवव्रत, जिन्हें भीष्म पितामह कहा जाता था। वे भी अनन्य पितृभक्त पुत्र थे जिन्होंने अपने पिताजी की खातिर आजीवन अविवाहित रहने की प्रतिज्ञा कर अपने पिताजी का विवाह करवाया और अपनी सौतेली माँ के परिवार को उम्र भर प्रेम से संभाला।

इस तरह अगर इतिहास खंगालने लगें तो अनेकों उदाहरण हमारे सामने आ जाएंगे। ऐसे कुछ उदाहरणों को प्रस्तुत करने के पीछे हमारा मकसद यह दर्शाना है कि **हमारे देश में माता-पिता और संतान का रिश्ता आत्मिक होता है, जो प्रेम, मधुरता और त्याग के संयोग से निर्मित होता है।**

लेकिन मौजूदा दौर में आधुनिक संस्कृति से प्रभावित संतानें अपने माता–पिता को न ही प्रेम करती हैं और न ही उनके साथ इकट्ठे रहना चाहती हैं। ऐसी संताने अपने माता–पिता का अपमान भी करती हैं और अगर उन्हें घर में रखने की चाहत न हो तो उन्हें घर से निकाल भी देती हैं–ऐसे में माता–पिता या माता–पिता दोनों में से जो भी कोई होगा उन्हें बुजर्गालयों (Old Age Homes) में जाकर रहना पड़ता है या ऐसे ही इधर–उधर दरबदर होना पड़ता है या घर में ही संतान द्वारा अपमानित होकर, नज़र अंदाज होकर रहना पड़ता है।

माता–पिता को अपमानित और उन्हें दुःखी करने की जो असभ्य परंपरा दिन–व–दिन हमारे देश में बढ़ रही है, ऐसी परंपरा हमारे देश की सभ्यता और संस्कृति के बिल्कुल खिलाफ है।

हमारे देश में ऐसी संताने, जो माता--पिता के साथ अच्छा बर्ताव नहीं कर रही हैं–ऐसी संतानें सिर्फ अपने माता–पिता से विरासत में

मिलने वाली धरोहर की ही उम्मीद करती हैं। ऐसी संतानों से बड़ा बदनसीब कौन हो सकता है जो माता–पिता रूपी प्यारी, सुंदर और अनमोल ईश्वरीय पूंजी को नकार रही होती हैं।

"माता–पिता से प्रेम करने वाले इंसान हमारी नज़र में सर्वश्रेष्ठ हैं, और ऐसे लोग हमेशा हमारे लिए सम्माननीय हैं–चाहे हमने उन्हें कभी देखा भी न हो सिर्फ उनके लिए सुना हो।"

प्रथम गुरू हैं माता-पिताः–

हम चाहे कितने भी गुणी–ज्ञानी क्यों न हो जाएं लेकिन हमारे ज्ञान के आधार और विस्तार हमारे प्रथम गुरू हमारे माता–पिता ही रहेंगे।

माता-पिता का अपनापन अनमोल और अतुलनीय हैः–

माता–पिता को नकारने वाले लोग उन्हें अपने ही घर से वेघर करने वाले लोग यह जरूर समझें कि माता–पिता के साथ आप बदसलूकी करके जिंदगी के अनमोल अपनेपन को खुद से अलग कर रहे हैं। वो तो माता–पिता हैं कहीं भी रहकर तसल्ली कर लेंगे लेकिन आप भी कुछ हासिल नहीं कर पाएंगे।

माता-पिता सत्य हैं और सत्य परमेश्वर है-अर्थात् माता-पिता परमेश्वर हैं माता-पिता को नकारकर आप परमेश्वर को ही नकारते हैं।

"माता–पिता का प्रेम और
रिश्ता सात्विक है, जिसकी
तुलना किसी और रिश्ते
से नहीं की जा सकती।"

यहां देश में इतने अभियान, इतनी मुहिमें चल रही हैं-वहां एक और अभियान की जरूरत है-माता-पिता को अपने घर में प्रेम से, सम्मान से, हक से, सुरक्षा से, खुशी से जीने दिए जाने का अभियान, रहने दिए जाने का अभियान।

माता-पिता

रब की सूरत का
साकार हैं माता–पिता,
सत्य की पावनता का
निहार हैं माता–पिता।

जी रहे हैं जिस जिंदगी को हम
उस जिंदगी की सांस–ए–लय का आधार हैं माता–पिता।

रब की सूरत का
साकार हैं माता–पिता
सत्य की पावनता का
निहार हैं माता–पिता

बच्चों की मुस्कान से
बच्चों के अरमान से ही
शाद होते हैं ये
औलाद की बुलंदियों का
हर आगाज़ हैं माता–पिता
रब की सूरत का
साकार हैं माता–पिता

सत्य की पावनता का
निहार हैं माता–पिता

कितनी बदनसीब वो औलाद
जो इनकी तौहीन कर रही
औलाद के रूप में जो
घर से इन्हें दूर कर रही

औलाद की खातिर दर्द भी
करें स्वीकार हैं माता–पिता

रब की सूरत का
साकार हैं माता–पिता
सत्य की पावनता का
निहार हैं माता–पिता

खुद कष्ट सहकर पाला है जिन्हें
वही औलाद अब दुःख दे रही इन्हें

औलाद के स्तिमों को भी
करें माफ हैं माता–पिता

रब की सूरत का
साकार हैं माता–पिता
सत्य की पावनता का
निहार हैं माता–पिता।

4
महिला सशक्तिकरण

(क) बेटियों का जीवन बचाना
(ख) नारी जाति के सम्मान की सुरक्षा
(ग) विवाह
(घ) दहेज प्रथा

महिला सशक्तिकरण दिवस सारी दुनियां में साल के एक दिन मनाया जाता है और विश्व भर की महिलाओं को हर देश का कोई भी वर्ग यह जताने की कोशिश करता है कि महिलाएं इस सृष्टि में बहुत अहम् भूमिका रखती हैं इसलिए वे हर रूप में सम्मान की अधिकारी हैं और उन्हें हर वर्ग सम्मानित करने का अपने–अपने अंदाज में अदब निभाता है। लेकिन इस एक दिन में महिलाओं की तरफ जो कोई भी दुनियां का देश और उस देश में रहने वाला समाज का कोई भी वर्ग जब महिलाओं के महान् अस्तित्त्व की तरफ ध्यान केंद्रित करके विश्व भर की महिलाओं के प्रति ये जताने की कोशिश करते हैं कि वह दुनियां की हर महिला को नमन करते हैं और उन्हें सशक्त करने के लिए अपने तरीके से योगदान देना चाहते हैं तो इस एक दिन के लिए मनाने के दिवस में औपचारिकता ज्यादा और कर्म कम नज़र आता है क्योंकि महिलाएं आज भी बहुत भयानक दुर्दशा में जी रही हैं कि वह खुद को सबला के रूप में कम अबला के रूप में ज्यादा महसूस कर रही हैं।

प्रस्तुत गीत के शब्दों द्वारा भी आज महिला की स्थिति उसकी मानिसकता समझी जा सकती है :

महिलाएं एक दिन याद आती हैं
दुनिया को साल भर में

तब महिला सशक्तिकरण दिवस
मना लिया जाता है

कितंना जुल्म–ओ–स्तिम
सहती हैं महिलाएं
हर पल, हर दिन किसको हिसाब
बस एक दिन औपचारिकता भर
इसके दर्द का ख्याल किया जाता है

इसे चाहत नहीं जमाने से कोई
के इसे कोई इनायतें करे अदा
बस अरमानों से जीने की
ये चाहती हैं एक नई सुबह
मगर अत्याचारों से इसे
चुप करा लिया जाता है

कभी जन्म से पहले, कभी दहेज प्रथा
कभी दुराचार की भेंट चढ़ती महिला
गुग कितना बदल गया फिर भी नहीं बदला अदब ज़माने का
पुरुष समाज के किसी अनैतिक वर्ग द्वारा
क्यों महिलाओं से जीने का
हक छीन लिया जाता है

महिलाएं एक दिन याद आती हैं
दुनियां को साल भर में
तब महिला सशक्तिकरण दिवस
मना लिया जाता है

तब महिला सशक्तिकरण दिवस
मना लिया जाता है।

भारत में महिलाओं की सशक्तता

हमारे देश में महिलाओं की क्या स्थिति है और वे कितनी सशक्त हैं—इससे सारी दुनियां वाकिफ है। हमारे देश में महिलाएं आदरणीय और वंदनीय होने के बावजूद भी खास तौर पर नकारी ही जाती रही हैं। ऐसी कोई महिला नहीं हमारे देश में होगी, जिसने खुद को कभी किसी न किसी रूप में कमज़ोर या अबला न महसूस किया हो। लेकिन इसके बावजूद भी वे सशक्त होना चाहती हैं, सम्मान से बुलंदियों को छूकर सारी दुनियां को अपने अस्तित्त्व का परिचय देना चाहती हैं। **अपने स्त्रीलिंग पर गर्व करते हुए वे (महिलाएं) हमेशा ईश्वर का शुक्रिया अदा करती हैं और करते रहना चाहती हैं कि रब ने उसे (महिला को) जो सुंदर, सात्विक और श्रेष्ठ जीवन दिया है, वह सिर्फ जीवन ही नहीं रब की वो कुदरत है- जो नायाब है, वंदनीय है और पवित्र है।**

प्रेरणा बनकर दूसरी महिलाओं को सशक्त करती महिलाएं

यह सच है कि महिलाएं आज कई क्षेत्रों में बहुत आगे बढ़ते हुए अपनी स्त्री-जाति को मार्गदर्शन भी कर रही हैं और इस तरह प्रेरणा बनते हुए शक्ति का संचार भी कर रही हैं—जिससे कि आम महिलाएं भी अपनी जिंदगी में विश्वास और हौंसला संजोकर अपनी जिंदगी को सहजता से जी सकें। महिलाएं आज हर क्षेत्र में आगे बढ़ रही हैं—चाहे वह विज्ञान का क्षेत्र हो, शिक्षा का क्षेत्र हो, कला का क्षेत्र हो पत्रकारिता का कोई क्षेत्र हो या अन्य कोई और क्षेत्र हो—हर क्षेत्र में महिलाएं अपना महत्त्वपूर्ण स्थान बना रही हैं और इस तरह दूसरी महिलाओं के लिए मिसाल बनकर उन्हें प्रेरित कर रही हैं।

हूँ मैं प्रेरणा,
मैं तेरा साहस भी हूँ,
हूँ तेरी हमराज,
मैं तेरा ढ़ाढ़स भी हूँ।

भारतीय संस्कृति में नारी सदैव हर रूप में पूजनीय है

हमारे देश में नारियों की हर रूप में पूजा की गई है और माना गया है कि यहां नारियों का सम्मान और पूजा की जाती है, वहीं ईश्वर निवास करते हैं।

इस तरह जब नारी बाल्य अवस्था में होती है तो देवी रूप में उसका कन्या–पूजन किया जाता है। नवरात्रों में भी बालिकाओं का कन्या–पूजन किया जाता है। जब नारी युवा अवस्था में आती है, और विवाह कर नए घर में (ससुराल में) जाती हैं तो वह उस घर की लक्ष्मी के रूप में पूजी जाती है, जब वह किसी को उपदेश देकर किसी का मार्गदर्शन करती है और उसे उभारकर मानव बनकर जीने के लिए प्रेरित करती है– तब वह गुरु रूप में देवी सरस्वती हो जाती है। जब नारी मां के रूप में होती है, तो वह जगतजननी मां जगदंबा हो जाती हैं। और इस तरह जब नारी अपने अधिकारों के लिए संघर्ष करती है और अपने हौंसलों को नारी अपनी आत्मशक्ति से बुलंद करती है तब वह शक्ति स्वरूपा मां दुर्गा हो जाती हैं। जब नारी पतिव्रता होकर अपने पति की रक्षा करती है, उसका जीवन बचाती है–तब वह सावित्री हो जाती है। और जब वह अपने पति के साथ पतिव्रता होकर जीती है और अपने पति के सम्मान की रक्षा की खातिर जब वह मिट जाती है या स्वयं को मिटा लेती हो तो वह सती हो जाती है।

इस प्रकार हम देख सकते हैं, समझ सकते हैं कि नारी कितनी सात्विक और पवित्र रूपमय है–जिसकी हर रूप में पूजा की जाती है।

नारी का हमेशा सम्मान किया जाना चाहिए और उसकी रक्षा की जानी चाहिए-चाहे वह बेटी रूप में हो (जन्मी-अजन्मी दोनों), चाहे वह बहन रूप में हों, चाहे वह पत्नी रूप में हों, चाहे वह माँ रूप में हों, चाहे वह इंसान रूप में हों। नारी का हर रूप में हमेशा सम्मान किया जाना चाहिए, उसकी रक्षा की जानी चाहिए।

नारी का सम्मान ईश्वर का सम्मान है, नारी की रक्षा सृष्टि की रक्षा है।

भारत में नारी सशक्तिकरण के खास पक्ष :

बेटियों/कन्या का जीवन बचाना

नारी जाति के सम्मान की सुरक्षा

विवाह

दहेज प्रथा

(i) कन्या/बेटियों का जीवन बचाना

एक तरफ हमारे देश में कन्या को देवी मानकर उसकी पूजा की जाती है और दूसरी तरफ उसे जन्म लेने से पहले ही उसे मार दिया जाता है। दर्द होता है कि बेटियों को मारने वाला कोई गैर नहीं होता बल्कि उसके अपने जन्मदाता, उसके माता–पिता होते हैं।

नारी का अस्तित्त्व अनमोल है, वह प्रेम और मधुरता की देवी है। चाहे वह बेटी रूप में हो, चाहे बहन रूप में हो या अन्य किसी रिश्ते के रूप में—वह हर रिश्ते में प्रेम और मधुरता ही लाती है—इस सच्चाई से हर वे मां–बाप सहमत होंगे, जो बेटी और बेटे में कोई फर्क नहीं समझते और वे माता–पिता भी इस सच्चाई से इंकार नहीं कर सकते जो बेटियों को जन्म नहीं देना चाहते कि बेटियां जब घर में उनके जन्म लेकर आती हैं तो उनका जीवन/किसी भी माता–पिता का जीवन खुशियों से खिल उठता है, वेशक ऐसे माता–पिता व्यावहारिक रूप से इस सोच को कबूल नहीं करते हों या कबूलं कर रहे हों। अगर बेटियों के जन्म के पक्ष में नकारात्मक प्रवृत्ति रखने वाले माता–पिता ज़रा भी अपनी आत्मिक गहराइयों से सोचेंगे तो उन्हें जरूर एहसास हो जाएगा कि उनकी आत्मा बेटी को पाकर भी खुश है, यह सिर्फ कुछ स्थिर भ्रम, नकारात्मक धारणाओं और सामाजिक पिछड़ी मानसिकता का ही ज्यादा प्रभाव हो सकता है कि कोई माता–पिता खुद ही अपनी बेटी को जन्म लेने से पहले ही मार देने की

चाहत रखते हों और फिर समय आने पर किसी भी कारण या दबाव के बहाने के नाम पर अपनी बेटी को मार देते हैं।

मत लीजिए ऐसा फैसला खुद अपनी बेटी को जन्म से पहले ही मारने का, आप अपनी बेटी को जन्म लेकर इस दुनियां में आने दीजिए और उसे जीवन बगिया में बहार बनकर महकने दीजिए, विश्वास कीजिए बेटियों के अपनेपन में जो सच्चाई होती है, वह अतुलनीय होती है। माता–पिता बेटी को अपना बनकर उन्हें खुशी बन जाने दीजिए। उनको जिंदगी देकर खिलते हुए मुस्कराने दीजिए। और ऐसा माता–पिता ही कर सकते हैं, क्योंकि माता–पिता से और अपना कौन हो सकता है, आप माता–पिता के घर अगर बेटी आना चाहती है तो आप माता–पिता अपने किसी परिवार के सदस्य के दबाव या अपनी किसी नकारात्मक धारणा या सोच की वज़ह से ऐसा कोई फैसला मत कीजिए, जो कि आपकी बेटी के पक्ष में न हो, यानि उसे जन्म से पहले मौत देने का निर्णय मत लीजिए। माता–पिता तो **जिंदगी देते हैं-इसलिए आप प्रेम भरे स्वागत से अपनी बेटी को इस दुनियां में लाने का फैसला लेकर वास्तव में माता-पिता बनिए, क्योंकि माता-पिता जीवन-दाता ही हो सकते हैं।**

मुझको खिल जाने दो माँ

नन्ही सी कली हूं,
मुझको खिल जाने दो मां,
अपनी जीवन बगिया में,
मुझको महक जाने दो मां।

आना चाहूं मैं इस जहां,
जीना चाहूं मैं इस जहां,
मुझको अपनी गोदी में आके,
दुलार बन जाने दो मां।

आपका मैं अक्स हूं,
आपकी हूँ मैं छवि,
अपने आंचल की छैया में,
मुझको संवर जाने दो मां।

जन्म से पहले जो मुझे मिटाना चाहे,
उसको आप मां समझाओ,
अपने अटल निर्णय से,
मुझे जिंदगी में आ जाने दो मां।

सुनो पिता जी क्या आपको
मेरा आना भाए नहीं
जो जन्म से पहले मुझे
मारने की तैयारी है
इक बार मुझे मेरे बाबूल जी

अपने जीवन की लौ बन जाने दो
मैं रोशनी हूं अंधियारा नहीं
मुझे जीवन–जहां में जगमगाने दो

लेके जन्म मुझे अपने घर
मेरे माता–पिता जी आने दो
अपने वंश की मुझे आप
कुलदीपिका हो जाने दो
पराई नहीं हूं जो इतना है परहेज
मुझे ममता और दुलार में
अपनी जी जाने दो,

मुझे ममता और दुलार में
अपनी जी जाने दो।

बेटियों का प्रेम आत्मिक और अटल होता है

बेटियों को आज भी पूरी तरह से खुशी से कबूला नहीं गया है। आज भी जब बेटी घर में जन्म लेकर आती है तो कई परिवार उस बहू से नाराज़गी जताने लगते हैं, जो उस बेटी की मां होती है। एक तरफ से ऐसा माना जाता है कि यह सोच बदल रही है–सही है मगर दूसरी तरफ चाहे किसी भी वज़ह से आज भी बेटी के जन्म पर अप्रसन्नता जताई जाती है और अगर किसी परिवार में एक बेटी पहले ही परिवार के सदस्य के रूप में होती है तो दूसरी कोई बेटी बहन के रूप में न आ जाए, इसके लिए पूरी कोशिशें की जाती हैं कि एक बेटी अगर है तो दूसरी बेटी को जन्म से पहले ही मिटाना है, ताकि वे अपनी नकारात्मक मानिसकता को खुश कर सकें।

जिन परिवार के लोगों ने बेटे को पाने के लिए बेटी को मारने की मुहिम शुरू की होती है–ऐसे परिवार के लोग बेटियों की जन्म से पहले मारना कानूनी अपराध होने के बावजूद भी इस तरह के अपवित्र कर्म को अंजाम देने से पीछे नहीं हटते। बेटियों को नकारने वाले लोग ऐसा कर्म करके स्वयं को ही एक तरह से मिटाने की और तन्हा करने की कोशिश करते हैं या कोशिश कर रहे होते हैं। आज ऐसे आदर्श बेटे जो–भगवान श्रीरामजी, भगवान श्रीकृष्ण जी, गुरु नानक देव जी, श्रवण कुमार इत्यादि जैसे महान् हों–ऐसे बेटे तकदीर से और ईश्वर की इनायतों से ही वरदान में मिल सकते हैं लेकिन बेटियां हमेशा हर युग में अपने माता–पिता के जीवन में प्रेम और खुशियां लेकर सदा आती रही हैं और आती रहेंगी।

जो बेटियां अपने माता–पिता से प्रेम करती हैं, वे कभी अपने माता–पिता को दुःखी नहीं कर सकतीं।

बेटियां जब तक अपने माता–पिता के घर में होती हैं तब भी वह अपने परिवार, माता–पिता के सुख और खुशी को बनाए रखती हैं और

जब वह विवाह के बाद ससुराल में जाती हैं तो तब उस नए घर की जिम्मेदारियों के साथ–साथ अपने माता–पिता की फिक्र में भी रहती हैं और इस तरह उन्हें अपने माता–पिता के घर का ख्याल भी रहता है। नए रिश्तों के साथ जुड़ जाने के बाद भी उसके (बेटी के) जीवन में जो सबसे प्रथम रिश्ते होते हैं–माता–पिता और भाई–बहनों के साथ, वे सभी रिश्ते उसकी जिंदगी में रब के आर्शीवाद के रूप में बने रहते हैं। बेटियां कभी नहीं बदलतीं, चाहे विवाह के बाद उनका नया जीवन शुरू हो जाता है लेकिन तब भी बेटियां हर रिश्ते को प्रेम, समर्पण और मधुरता के साथ निभाना जानती हैं।

बेटियां माता-पिता के साथ आत्मिक रूप से जुड़ी होती हैं तभी अपने माता-पिता के प्रति बेटियों के प्रेम और रिश्ते में कभी कोई फर्क और परिवर्तन नहीं आता, क्योंकि बेटियों का प्रेम अटल और अटूट होता है।

बेटियां भी वंश का आधार हो सकती हैं

आज के युग में भी इस धारणा को बढ़ावा देना और मानना कि सिर्फ बेटे ही वंश का नाम आगे बढ़ा सकते हैं, यह जरूरी नहीं है और न ही यह सोच अब पूरी तरह से मौजूदा पीढ़ी अपनाना भी चाहती है। आज शिक्षा की वज़ह से लोगों की सोच में काफी बदलाव आया है और धीरे–धीरे बदलाव आ भी रहा है कि बेटी–बेटे में फर्क करना जरूरी नहीं है।

भारत के प्रथम प्रधानमंत्री पं. जवाहर लाल नेहरू जी की एक ही संतान थी। सब जानते हैं, जो कि एक लड़की थीं, बेटी थीं–इंदिरा गांधी जी। पं. नेहरू जी ने अपनी इकलौती बेटी को बड़े प्रेम और नाज़ से पाला था। श्रीमती इंदिरा गांधी जी, जो हमारे देश की प्रथम महिला प्रधानमंत्री हुई थीं वे उस ज़माने में अपने पिता जी की इक़लौती बेटी थीं, जिस ज़माने में भारत में वंश–परंपरा को निभाने के लिए सिर्फ बेटों

को ही तवज्जो दी जाती थी, लेकिन ऐसी परंपराओं और सोच वाले ज़माने के बीच यहां बेटों को वंश को चलाने वाला उत्तराधिकारी माना जाता था, उस ज़माने में इंदिरा गांधी जी अपने पिता जी की ऐसी बेटी थीं जो बेटों से कम नहीं थीं अपने माता–पिता और परिवार के लिए। यहां तक कि पं. मोती लाल नेहरू जी उन्हें (श्रीमती इंदिरा गांधी जी) अपने वंश की धरोहर, वंश की उत्तराधिकारी मानकर खुश और संतुष्ट थे।

श्रीमती इंदिरा गांधी जी एक आदर्श बेटी और एक सशक्त महिला थीं। वे नेहरू परिवार की वंश–परंपरा की उत्तराधिकारी थीं।

इसी तरह हमारे देश में कई ऐसे औद्योगिक परिवार हैं, कलाकार हैं, राजनेता हैं या अन्य कई वर्ग/क्षेत्र से जुड़े नामी–गिरामी परिवार हैं–जिनकी संतान के रूप में उनकी वंश–परंपरा को बढ़ाने वाला बेटा नहीं, बल्कि बेटियां हैं। ऐसे परिवारों के नाम उनकी बेटियां ही रोशन करेंगी–एक कुलदीपक की तरह।

अब देश में धीरे–धीरे ऐसा ज़माना अपना माहौल बना रहा है, जो कि बेटी–बेटों में कोई भेदभाव नहीं करना चाहता। कानूनन भी बेटियों के पक्ष में कई ऐसे कानून बनाए गए हैं, जो बेटी–बेटे को बराबर अधिकार प्रदान करते हैं, लेकिन इसके बावजूद अब माता–पिता अब ऐसी सोच को कबूल करने लग गए हैं कि बेटी–बेटा दोनों ही कुल का दीपक हो सकते हैं। यह एक सकारात्मक और अच्छा (शुभ) संकेत है बेटियों/लड़कियों के पक्ष में, उनके माता–पिता की तरफ से। अब मौजूदा पीढ़ी इस धारणा से खुद को अलग कर चुकी है कि बेटी और बेटों में कोई अंतर होता है। अब इस विचार में काफी परिवर्तन के आसार बन चुके हैं कि बेटे ही नहीं बेटियां भी वंश का आधार हो सकती हैं।

लेकिन इस सोच के बावजूद कि ज़माना बदल रहा है खास तौर पर नई युवा पीढ़ी, जो बेटियों को जन्म देकर उन्हें जीने का प्रेम से हक देना चाहते हैं। ऐसे सकारात्मक लोगों के बावजूद भी बेटियों को जन्म से पहले मारने वाले लोगों की भी देश में कमी नहीं है। ऐसी

नकारात्मक मानसिकता वाले लोगों को समझना चाहिए कि अगर उनकी संतान के रूप में बेटी जन्म लेकर आती है या जन्म लेने वाली होती है उसे नकारा नहीं जाना चाहिए। **अगर आप प्रेम से शुभ सोच से अपनी बेटी को अपनी जिंदगी में शामिल करेंगे तो वह भी आपकी अपने जीवन की कुल-दीपिका हो सकती है।**

जमाना बदल रहा है,
सोच बदल रही है,
बेटा कुलदीपक है तो,
बेटियां भी कुलदीपिका
बन रही हैं।

बेटियों का जन्म-दिवस त्योहार की तरह मनाइये

जिन माता–पिता के घर बेटी जन्म लेकर आए, वे खुशी से, आत्मिकता से उसे स्वीकारें। ऐसे माता–पिता जो बेटी–बेटों में भेद भाव नहीं करते बेटी के जन्म होने पर उसका स्वागत त्योहार की तरह कीजिए। जिसका प्रभाव ऐसे माता–पिता पर पड़े, जो बेटी को जन्म देना जरूरी नहीं समझते हों और इसीलिए उसे जन्म से पहले ही मार देने की सोच रखते हों।

कोई भी माता–पिता बेटी के जन्म पर खुशी मनाइये, जिस तरह कि आप बेटे के जन्म पर मनाते हैं। **आप लड़की के जन्म पर भी यूं मुबारकें कबूल कीजिए और अपनी खुशियां बांटिए कि ज़माना जाने** कि आपके घर एक नन्ही परी बेटी के रूप में आयी है और आप उसके आगमन पर इतने प्रसन्न हों कि उसका जन्म–दिवस त्योहार की तरह मनाऐं। जिससे कि समाज के उस नकारात्मक वर्ग पर असर पड़े, जो बेटियों को जन्म नहीं देना चाहता है और उन्हें जन्म से पहले हत्या कर देने की मंशा रखता है। उसकी यह नकारात्मक सोच सकारात्मकता में बदल जाए और वे भी बेटी और बेटे को समान समझकर बेटी को भी इस दुनियां में जन्म लेकर आने का इंतजार करें और बेटी के आने पर स्वागत करें।

रब कि इनायत हैं बेटियां

घर की मुस्कराहट हैं बेटियां
खुशियों की आहट हैं बेटियां
दो–दो घर आबाद करने वाली
रब की इनायत हैं बेटियां

जिंदगी के सफर में चाहे
कैसा भी आए दौर
हर मुश्किल–ए–समां में
सुकून–ए–राहत हैं बेटियां

दो–दो घर आबाद करने वाली
रब की इनायत हैं बेटियां

घर की मुस्काराहट हैं बेटियां
खुशियों की आहट हैं बेटियां

बाबूल के अरमानों का सवेरा
मां की आत्मा का दीया
घर की मर्यादा की संरक्षक
जिंदगी की चाहत हैं बेटियां

दो–दो घर आबाद करने वाली
रब की इनायत हैं बेटियां

घर की मुस्कराहट हैं बेटियां
खुशियों की आहट हैं बेटियां
दो–दो घर आबाद करने वाली
रब की इनायत हैं बेटियां

रब की इनायत हैं बेटियां।

(ii) नारी जाति के सम्मान की सुरक्षा

नारी जाति के सम्मान की सुरक्षा समेत जीने का अधिकार

आए दिन अखबारों, पत्रिकाओं, समाचारों में महिलाओं के सशक्तिकरण के विषय पर बहुत कुछ पढ़ने–सुनने को मिलता है और जिसमें महिलाओं की काफी प्रंशसा भी की जाती है कि वह अब मजबूती की तरफ बढ़ते हुए सशक्त हो रही हैं। सही है कि वह सशक्त हो रही हैं लेकिन उनकी सशक्तता उन्हें श्रेष्ठ मुकामों पर उनकी कठिन मेहनत और लग्न के बल पर पहुंचा जरूर चुकी है लेकिन आज भी उन्हें पूर्ण रूप से सशक्तिकरण विजयी नहीं माना जा सकता।

एक महिला की व्यक्तित्त्व तौर पर जो शक्ति होती है, वह उसका शील, उसका चरित्र होता है। महिला चाहे किसी भी उम्र की हो, बच्ची से लेकर बुजुर्ग होने तक उसकी एक महिला होने के नाते चरित्र ही अनमोल धरोहर होती है जिसे वह हमेशा संभालकर रखती है और रखना चाहती है। **हमारे देश में नारी की हर रूप में वंदना की गई है, उसे देवी समान माना गया है।** लेकिन इन सबके बावजूद भी महिलाओं के अपमान और उनके साथ दुष्टपने की घटनाएं हर दिन सामने आती रहती हैं।

महिलाएं त्रस्त हैं अपने लिए देश में ऐसा माहौल और मानसिकता देखकर, जो उनकी अस्मत को चोट पहुंचाना चाहता है।

कुछ खास महिलाएं जिन्होंने अपनी मेहनत से सशक्तिकरण का अर्थ साकार किया है और बुलंदियों को छूआ है, चाहे वह किसी भी क्षेत्र की हों–उन्हें सशक्त बोला जा सकता है। लेकिन आम महिलाएं जिन्हें रोज़ घर से निकलना पड़ता है–विद्यार्थी रूप में या किसी कार्यालय में कार्यरत होने के तहत या घरेलू महिलाएं भी उनके लिए ऐसा बोलना कि वे सशक्तिकरण का मुकाम पा चुकी हैं, हम इससे सहमत नहीं। क्योंकि **सशक्तिकरण का आधार अभी भारत में मजबूत**

नहीं है और न ही अभी भारत की हर महिला सशक्तता की बुलंदी को हासिल किए हैं और ऐसा तभी हो सकता है जब देश की महिलाएं सम्मान और सुरक्षा से जीने का अधिकार पा सकेंगी।

पुरुष समाज नारी जाति के प्रति नज़रिया बदलें

नारी भोग्या नहीं सौभाग्य है, पुरुष समाज नारी जाति का सम्मान करना सीखें।

नारी हमेशा हर पुरुष में अपने परिवार के समान भाव रखती है—नारी किसी बुजूर्ग में अपने बुजूर्गों को देखती है, किसी लड़के में अपने भाई को देखती है, परंतु यह पुरुष समाज कभी अपने परिवार से बाहर किसी नारी/लड़की में अपनी मां, बहन, बेटी को नहीं देखता। जो बिल्कुल अपवित्र, असभ्य है, अनैतिक है और हमारी भारतीय सात्विक संस्कृति के विरुद्ध है। पुरुष समाज अपनी मानसिकता बदलें।

नारी का शील, उसकी अस्मत इतनी पवित्र है कि जो सारी सृष्टि में अतुलनीय है। इस सत्य को सभी समझते हैं कि पवित्रता सात्विक होती है और सात्विकता ईश्वरीय होती है, यानि कि पवित्रता सत्य है और सत्य ईश्वर है और इस तरह किसी भी नारी की आबरू शील ईश्वर की अमानत है। ईश्वर/खुदा/वाहेगुरू/जीसस—ईश्वर के इन रूपों में से जिस रूप में भी कोई रब को मानता है क्या कोई अपने रब की अमानत के प्रति बदनीयत रखके अपने रब को नाराज़ कर सकता है। **नारी के सम्मान की रक्षा रब के सत्य की रक्षा है, रब की पवित्रता की रक्षा है।** बल्कि रब आत्मा में बसते हैं और किसी भी नारी की आत्मा उसका चरित्र, उसकी अस्मत होता है इसलिए पुरुष समाज को अपनी दोषयुक्त मानसिकता को बदलना होगा और नारी के प्रति सम्मान का नज़रिया रखना होगा। अब हर बदनीयती पुरुष किसी भी महिला के प्रति अपने विचार, अपनी असभ्य मानसिकता बदले और

हमेशा यह याद रखे कि जैसे उसकी अपनी मां, बहन और बेटी की इज्ज़त और आबरू है वैसे ही अपने परिवार से बाहर दूसरों की मां, बहन और बेटी के प्रति सकारात्मक रहना है।

पुरूष की बदनिगाह देवियों पर भी पड़ी

आज भारत में दिन–व–दिन नारी के प्रति अपमान की घटनाएं बढ़ रही हैं जो भारत भविष्य के लिए अच्छे संकेत नहीं हैं।

पुरुष की बदनीयत तो सदियों से सामने आती रही है। नारी को मात्र एक भोग वस्तु समझने वाला यह समाज सदा से ही नारी के साथ बदसलूकियां करता रहा है। पुरुष की नारी के प्रति ऐसी अपवित्र विचारधारा ने सीता देवी और माता वैष्णो देवी को नहीं छोड़ा, जो आराध्य देवियां हैं, ईश्वर हैं। पिता समान रावण जो सीता के साथ बदसलूकी करता है उसका फल उसे श्री राम भगवान के साथ युद्ध में भोगना पड़ता है और माता वैष्णो देवी जी के प्रति भैरो की कुदृष्टि भैरो के अंत की वज़ह बनती है।

नारी आप दुर्गा स्वरूप बनिए

नारी को हर युग में देवी की उपाधि दी गई है और उसकी वंदना की गई है। **नारी जगजननी है। नारी में वो शक्ति है, जो अन्य किसी में नहीं।** अगर नारी चाहे तो वह खुद को इतना मजबूत कर सकती है कि वह अबला न रहे, सबला बन जाए। और अब वह समय आ गया है जब नारी को अपने आत्म–सम्मान, अपने शील की रक्षा के लिए खुद ही आगे आना होगा और अपनी रक्षा करनी होगी।

वेबाक होकर

वेबाक होकर दुनियां की,
हर राह से आप गुजरना,
आप अपनी रक्षा के लिए
खुद को तैयार रखना।

अनगिनत निगाहें होंगी आपको,
बदनीयती से निहारती
हर बुरी नज़र से आप
खुद को बचा रखना।

वेबाक होकर दुनियां की
हर राह से आप गुजरना

आप अपनी रक्षा के लिए
खुद को तैयार रखना

अपने सम्मानं की खातिर,
खुद को मजबूत बनाना,
रब की दुआ से खुद को
सदा हौंसलों से बुलंद रखना।

वेबाक होकर दुनिया की,
हर राह से आप गुजरना
आप अपनी रक्षा के लिए,
खुद को तैयार रखना।

वेअदब इस ज़माने में,
जीना लगे जब मुश्किल,
खुद अपनी रहबर बनकर,
आप हर उलझन से निपट रखना।

वेबाक होकर दुनियां की,
हर राह से आप गुजरना,

आप अपनी रक्षा के लिए,
खुद को तैयार रखना।

नारी सत्य और अहिंसा का रूप

नारी ईश्वर की बनायी श्रेष्ठतम रचना है, नारी ईश्वर के सत्य की अभिव्यक्ति है, **नारी का सतीत्व सत्य है और उसकी रक्षा अहिंसा है।**

भारत आत्मीयता से सत्य और अहिंसा का देश माना जाता है, लेकिन वास्तव में भारत सत्य और अहिंसा का मुकाम तभी पा सकेगा, जब इसकी नारियां सम्मान के साथ सुरक्षित माहौल पा सकेंगी। जब भारतीय नारियां हर पुरुष की नज़र में बेटी, बहन और मां के रूप में पहचान पाएंगी और जब पुरुष–समाज नारी का सम्मान कर पाएगा।

इस प्रकार भारत में जब तक नारी को सम्मान से सुरक्षा का अधिकार प्राप्त नहीं होगा, तब तक पारंपरिक रूप से स्वभावानुसार भारत को संपूर्ण रूप से सत्य–अहिंसावादी देश नहीं कहा जा सकता।

सत्य-अहिंसा

एक डाकू था, जो बहुत निर्दयी था। वह जिन्हें लूटता था उन्हें लूट के साथ जान से भी मार देता था। इस प्रकार उसने कई वेकसूर लोगों को लूटकर जान से मार डाला था। उस डाकू की सारे इलाके में बहुत दहशत थी। डाकू के परिवार में उसकी पत्नी और बेटा भी था–लेकिन वह अपने कुकर्मो में इतना खो चुका था कि अपने परिवार के लिए समय ही नहीं निकाल पाता था।

एक दिन वह डाकू किसी घर में लूट–मार करने जाता है–उस घर में लूट के बाद वह उस घर के सदस्यों–पति, पत्नी और बेटे को जान से मारने के लिए हथियार उठाता है। जब डाकू उन तीनों को मारने के लिए तैयार होता है, तभी दोनों पति–पत्नी डाकू से फरियाद करने लगते हैं कि उन दोनों पति–पत्नी को वह जान से मार दे, लेकिन उनके बेटे को बख्श दे। तभी बेटा भी डाकू से विनती करने लगता है कि वह (डाकू) उसकी जान ले ले, लेकिन उसके माता–पिता

को छोड़ दे। डाकू को कुछ अच्छा महसूस नहीं हो रहा था उसे उस परिवार के तीनों सदस्यों में अपना परिवार नज़र आने लगा था। वह उस घर से बिना कुछ लूटे, बिना किसी को मारे वापिस लौट आता है। आज उसे लूटमार करना अपराध महसूस होने लगा था। उसकी आत्मा अब जागने लगी थी–उसे जिंदगी की समझ आ गई थी। वह अब अपनी जिंदगी को अपनी पत्नी और बेटे के साथ जीना चाहता था। अपने ठिकाने पर पहुंचकर वह अपनी पत्नी और बेटे के पास जाता है। उसकी पत्नी, उसे वहां देखकर बहुत खुश होती है– कितने दिनों बाद वह उनसे मिल रहा था। वह अपने बेटे को प्रेम करना चाहता था उसे गले से लगाकर दुलारना चाहता था। जैसे ही डाकू अपने बेटे को गले लगाने के लिए आगे बढ़ता हुआ उसे स्पर्श करता है–उसका बेटा पत्थर की मूरत बन जाता है। डाकू अपने बेटे को इस रूप में देखकर बहुत दुःखी होता है, चिल्लाता है, रोता है। उसे महसूस होता है कि यह सब उसी के कर्मों का फल है जो उसके बेटे को भुगतना पड़ा है। डाकू ईश्वर से प्रार्थना करने लगता है कि जो पाप उसने किए हैं उसकी सजा उसके बेटे को न मिले। हे ईश्वर! मेरे बेटे को पुनः इंसान बना दीजिए। तभी आकाशवाणी होती है कि अगर तुम फिर से अपने बेटे को पत्थर की मूरत से इंसान रूप में पाना चाहते हो तो ऐसा कर्म करो–जिसमें सत्य और अहिंसा हो।

डाकू बहुत दान–पुण्य करता है, यज्ञ–हवन करता है, व्रत करता है लेकिन उसे कुछ हासिल नहीं होता। उसका बेटा अभी पत्थर की मूरत ही था। एक संत बाबा के आदेश से वह सभी तीर्थों की यात्रा पर से भी अपने बेटे की मूरत को अपने साथ लिए हो आता है लेकिन उसका बेटा ज्यों का त्यों पत्थर की मूरत ही होता है। अब वह हार मान चुका था और आशाहीन हुआ जीने की आस खोने लगा था। मन ही मन अब उसने सोच लिया था कि एक बार पत्नी से मिलने के बाद

वह आत्महत्या कर लेगा। तभी रास्ते पर चलते हुए उसके कानों को किसी के चिल्लाने की आवाज़ सुनाई पड़ती है जो मदद की पुकार कर रही थी। डाकू को यह आवाज़ पास के किसी घर में से सुनाई पड़ती है। डाकू उस घर के अंदर जाकर देखता है कि एक महिला को कुछ आदमी उसके घर से घसीटते हुए, अंपमानित तरीके से उसे जुए के उस अड्डे पर ले जाना चाहते हैं, यहां वह नारी, अपने पति द्वारा जुए के दांव पर हरा दी जा चुकी थी। महिला उन नशेखोर, जुएबाज, अपवित्र नीयती पुरुषों से स्वयं को बचाने में लगी थी। डाकू उन पुरुषों से विनती करता है कि–वे उस महिला को छोड़ दें, उसके साथ ऐसा सलूक न करें–लेकिन वे नहीं मानते, डाकू यह सब देखकर तय कर लेता है कि कुछ भी हो–इन दुष्टपनाओं से इस महिला की रक्षा जरूर करनी है। आज तक इतने अपराध किए हैं, कितने वेकसूर लोगों को लूटा है उन्हें जान से मारा है, जिसकी सजा मेरे बेटे को भुगतनी पड़ी है। अब चाहे कुछ भी हो–यहां इतने वेकसूर लोगों को जान से मारा है वहां कुछ दुराचारी अपराधियों को और मार दूंगा तो कोई बात नहीं–लेकिन इस महिला का जीवन बर्बाद नहीं होने दूंगा। डाकू उन सब के साथ भिड़ जाता है और इस प्रकार उन सबको मारकर डाकू महिला के सम्मान की रक्षा करता है। डाकू द्वारा जब उस महिला को उन दुराचारियों से सुरक्षित कर लिया जाता है–उसी समय डाकू का बेटा पत्थर की मूरत से इंसान की सूरत में आ जाता है और वह अपने पिता को पुकारता है। डाकू अपने बेटे को यूं इंसान के रूप में देखकर हैरान हो जाता है और बहुत प्रसन्न होता है।

डाकू उस महिला को प्रणाम करता है, उसकी स्तुति करता है और इस तरह उसकी वंदना कर उसका शुक्रिया अदा करते हुए डाकू अपने घर की तरफ लौट जाता है।

इस कहानी का सार है कि महिला सत्य है और उसका चरित्र, उसका आबरू–सम्मान अहिंसा है।

चाहे दुनियां में कोई कितना ही गुनेहगार क्यों न हो, लेकिन अगर वह महिलाओं का सम्मान करता है, जरूरत पड़ने पर उनकी रक्षा करता है तो वह निरपराधी हो जाता है। इसी प्रकार चाहे कोई कितना भी नेक इंसान क्यों न हो, कितना भी कोई धर्मात्मा क्यों न हो, पर अगर वह महिलाओं के प्रति बदनीयत रखता है तो उससे बड़ा अपराधी और हिंसात्मक और कोई नहीं हो सकता।

इसलिए हर पुरुष को सत्य–अहिंसा का अर्थ और स्वरूप समझते हुए इतना जरूर याद रखना चाहिए कि सत्य क्या है? और अहिंसा क्या है?

"पुरुष चाहे कितनी भी ऊंचाइयों को क्यों न छू ले, लेकिन अगर वह नारी का सम्मान नहीं करता तो उसकी हर ऊंचाई हर बुलंदी व्यर्थ है।"

नारी भोग्या नहीं सौभाग्य है,
सृष्टि की निर्मात्री है,
सदा अराध्य है,
न भूलकर भी कोई
इसे अपमानित करो,
नारी देवी है,
सदा इसे सम्मानित करो।
नारी देवी है,
सदा इसे सम्मानित करो।

(iii) विवाह

विवाह एक सामाजिक संस्था है और समाज में इस संस्था को बहुत महत्त्वपूर्ण माना गया है। पश्चिमी दृष्टिकोण से विवाह को समझौता करार दिया गया है, जबकि भारतीय नजरिए से विवाह एक धार्मिक संस्कार है।

मंगल रीत विवाह

मंगल रीत है विवाह संस्कार,
इक नया जीवन पावनता का संसार।

गर मिल जाए सच्चा साथी
जीवन संवर जाए
टूट जाएं सब सपने जब
हमसफर न हो समान विचार

धार्मिक परंपरा है विवाह हिंदोस्तान में
वेशक कभी औपचारिकता की रस्म भी बने
टूट जाता किसी विवाहित का उस पल विश्वास
जब न संभाल पाता वह अपने रिश्ते की दरार

न टूटें किसी मासूम के दिल–ए–अरमां
न ही छूटे उसके अज़ीज का उससे हाथ
वो बसाकर घर अपना मुस्कराते जिए
इसलिए उसके योग्य वर ढूंढ़ियो
ऐ हर मात–पिता जी
बेटी को दीजियो सुखी संसार।

मंगल रीत है विवाह संस्कार,
इक नया जीवन पावनता का संसार।

लड़की अपनी जिंदगी तीन खास रूपों में संतुलित होकर जीती है

किसी भी लड़की का जीवन तीन खास मोड़ों से जुड़ा होता है इस प्रकार वह अपनी जिंदगी को तीन वर्गों में विभक्त कर जीती है:

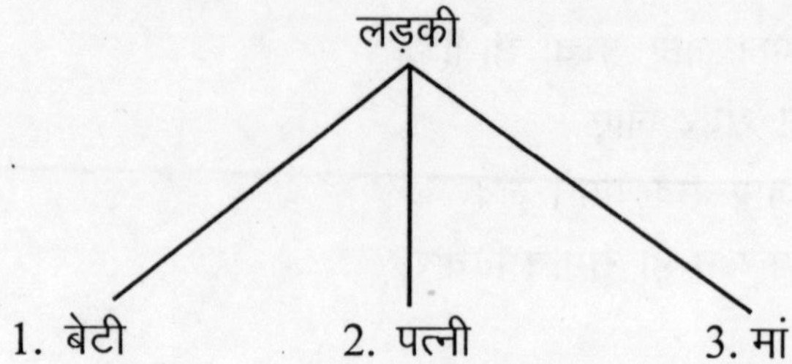

ऊपर प्रस्तुत तीनों रूपों में **लड़की जीवन भर समर्पण, प्रेम और त्याग की मूरत बनी रहती है** और तीनों रूपों में जिंदगी को जोड़ लेने के बाद भी वह हर रूप को एक साथ लेकर समान रूप से, संतुलित रूप से जीती है। इस प्रकार तीनों बार लड़की एक नए जीवन के रूप में अपनी जिंदगी जीती है।

वर्तमान में विवाह समस्या का रूप भी ले रहा है

आज के समय में आम इंसान के लिए अपनी बेटी का विवाह भी एक बहुत बड़ी और खास समस्या बन गया है। ऐसा इसलिए क्योंकि मौजूदा दौर में होने वाले ज्यादातर विवाहों की कोई मंजिल नहीं होती। क्योंकि आए दिन समाज में किसी न किसी का विवाह टूट रहा है जिसकी वज़ह से कोई भी माता–पिता अपनी लड़की के लिए योग्य वर की चिंता में परेशान है, माता–पिता, अभिभावक चिंताग्रस्त हैं कि अपनी बेटी के लिए वर चुनाव में उनसे कोई गलती न हो जाए कि जिसका खामियाजा उनकी बेटी को झेलना पड़े। इस तरह माता–पिता और लड़की के लिए विवाह समस्या का रूप भी बनता जा रहा है।

जल्दबाजी का फैसला

एक लड़की थी, जिसने स्नातक किया था और आगे पढ़कर कुछ बनना चाहती थी लेकिन उसके माता–पिता उसे आगे नहीं पढ़ाना चाहते थे अब वे अपनी बेटी का विवाह कराना चाहते थे इसलिए लड़की के माता–पिता उसे आगे पढ़ने के लिए मना कर देते हैं और उसके लिए वर की तलाश करना शुरू कर देते हैं। लड़की को माता–पिता का फैसला मानना पड़ता हैं क्योंकि उसकी और भी छोटी बहनें थीं–जिन्हें पढ़ाना था और जिनका विवाह करना था।

एक दिन उनके घर एक रिश्ता आता है जिसके लिए माता–पिता सिर्फ इतनी ही जानकारी जुटाते हैं कि लड़का सरकारी नौकरी करता है और घर–परिवार भी उनके अनुसार ठीक है–जो माता–पिता को देखने में महसूस हुआ। लड़की का रिश्ता उस लड़के से तय हो जाता है लेकिन रिश्ते के तय हो जाने के कुछ दिन बाद ही लड़के वाले लड़की के परिवार से जल्द विवाह करने की इच्छा प्रकट करते हैं और इस प्रकार लड़के वालों की मंशा से रिश्ता तय होने के कुछ दिनों बाद ही उस लड़की का विवाह हो जाता है। लड़की ससुराल जाती है ससुराल में उसे वहां का माहौल सकारात्मक महसूस नहीं होता और इस तरह लड़की को विवाह के कुछ दिनों बाद यह पता चलता है कि उसके पति को कैंसर है और वह बहुत ज्यादा दिनों तक जीवित नहीं रह पाएगा–ऐसा डॉक्टर द्वारा लड़के के परिवार को बताया गया था। लड़की को यह सब जानकर बहुत धक्का पहुंचता है, वह अपने पति के बारे में इस हक़ीकत को जानकर खुद को संभाल नहीं पाती। वह मायके आ जाती है और हर पल दुःखी रहते हुए जीती है। विवाह एक ऐसा नया जीवन है जो एक ही बार जिया जाता है। उस लड़की का जिंदगी पर से भरोसा उठ.गया था अपने माता–पिता पर से भरोसा उठ गया था। क्योंकि वह जिंदगी में आगे पढ़कर कुछ बनना चाहती थी लेकिन उसके माता–पिता द्वारा विवाह की जल्दबाजी में उसका जीवन बर्बाद होकर रह जाता है।

लड़की ससुराल न जाने का फैसला कर लेती है और उस परिवार से रिश्ता तोड़ना चाहती है–अपने पति से तलाक लेना चाहती है। वह विवाह के कुछ महीनों तक इस दुःखद माहौल से खुद को उभार ही नहीं पाई थी लेकिन जब वह तलाक लेने की तैयारी में जुटते हुए आगे बढ़ती है तो उसी दौरान उसके पति की मृत्यु हो जाती है–इस प्रकार वह अपने पति से तलाक भी नहीं ले पाती और वह विधवा हो जाती है। मतलब वह अपने ससुराल पक्ष के धोखे द्वारा सिर्फ कुछ महीनों के लिए ही किसी की दुल्हन बन पाई थी। जो विवाह के कुछ दिनों बाद ही ससुराल द्वारा धोखे का किया जाना पता चलता है और वह मायके आकर रहने लगती है। उसे इतना भी समय नहीं मिला कि वह उस पति से तलाक ले सके, जो बीमार था और बीमारी को छिपाकर किसी लड़की से विवाह कर, उसका जीवन बर्बाद किए था।

वह लड़की अब अपने पति की नौकरी पर नियुक्त होना चाहती है लेकिन ससुराल वाले नहीं चाहते थे कि उनके बेटे की नौकरी उस लड़की को मिले। ससुराल पक्ष द्वारा काफी अड़चनें डाली जाती हैं पर अंततः लड़की अपने पति की नौकरी पर नियुक्त हो जाती है। बाद में पत्राचार माध्यम से उसने आगे पढ़ाई की और इस प्रकार पहले विवाह के 4–5 साल बाद जब वह अच्छी तरह से खुद को जिंदगी में स्थापित कर पाती है तो वह अपने लिए योग्य वर का चुनाव कर विवाह करती है। यह थी एक लड़की के जीवन की दुःखद घटना, जिसके घटित होने का श्रेय माता–पिता को ज्यादातर जाता है।

विशेष

अगर लड़की के माता–पिता वर के बारे में गहरी जांच–पड़ताल कर विवाह का फैसला करते तो ऐसा कभी नहीं होता।

लड़की के माता–पिता को इस बात की तरफ जरूर ध्यान करना चाहिए था और सोचना चाहिए था कि आज तो वर पक्ष के परिवार वालों से मुलाकात हुई है और उन्हें रिश्ता करने की जल्दबाजी क्यों है और अगर रिश्ता हो गया तो सिर्फ कुछ दिनों बाद विवाह की मांग क्यों है।

आज भी हमारे देश में कई बार विवाह करने की वजह समाज और रिश्तेदारों को दिखाना ज्यादा होता है लेकिन विवाह वास्तव में है क्या? और इसे कैसे किया जाना चाहिए? जिससे कि यह पवित्र धार्मिक संस्कार किसी के जीवन का सौभाग्य बने न कि दुर्भाग्य।

प्रस्तुत कहानी एक ऐसी लड़की के जीवन की दुःखद घटना है, जो शिक्षित थी। जिस प्रकार वह विवाह के बाद खुद को सशक्त करती है और अपने अधिकारों के लिए लड़ती है। यही सशक्तता अगर वह पहले महसूस करती और माता–पिता द्वारा वर के चुनाव में अपने विचार और फैसला भी रखती तो इस तरह उसका जीवन अभिशापित नहीं होता।

नोट : प्रस्तुत कहानी सच्ची घटना है।

माता-पिता को बेटी के विवाह से पहले वर के बारे में अच्छी जांच-पड़ताल कर लेनी चाहिए–

हमने देखा है कि आजकल जब लड़की का विवाह तय किया जाता है तो कई बार अच्छी और गहरी जांच–पड़ताल वर के बारे में नहीं की जाती है। हमेशा लड़के का खानदान, परिवार और लड़के का रोज़गार क्या है–खास तौर पर इन्हीं बातों को ही जानने की ही कोशिश की जाती है और ज्यादातर विवाह इसी आधार पर हो जाते हैं। लेकिन यह वर पक्ष के बारे में हासिल की गई जानकारी पूरी नहीं है। बल्कि **जिस तरह की टूटन आज वैवाहिक रिश्तों में पड़ रही है उसकी वज़ह वर के पक्ष में जुटाई अधूरी जानकारी भी है।**

जानकारी दो प्रकार की होती है–

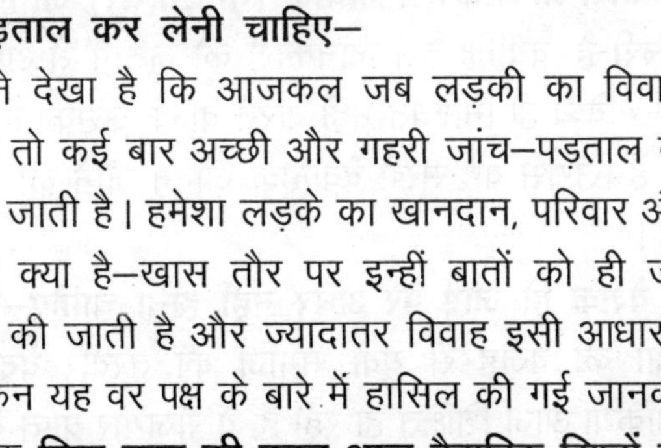

1. दृष्टिगोचर (भौतिक) जानकारी–

इस जानकारी के अंतर्गत खानदान, परिवार, वर का रोजगार इत्यादि भौतिक जानकारी शामिल होती है।

2. अदृष्टिगोचर (प्राकृतिक) जानकारी–

यह वह जानकारी है, जिसमें हमें सबसे पहले जिस लड़के से आप अपनी बेटी का विवाह करने जा रहे हैं,–उस लड़के का स्वभाव कैसा है, वह रिश्तों को किस रूप में स्वीकारता है, जैसे कि उसके माता–पिता के प्रति उसके क्या भाव हैं, अपने बहन–भाई के प्रति उस लड़के के क्या भाव–विचार हैं, समाज के प्रति क्या नजरिया है, उसके संस्कार कैसे हैं उसका व्यक्तित्त्व–चरित्र कैसा है वह कैसी आदतें रखता है, उसकी संगत कैसी है खानपान कैसा है इत्यादि **छोटी-छोटी बातों की जानकारी प्राप्त करना भौतिक (दृष्टिगोचर) जानकारी से भी ज्यादा जरूरी है**–क्योंकि इस जानकारी को जुटाने से आप सिर्फ अपनी बेटी का भविष्य ही निश्चित नहीं करते बल्कि उसका विवाह भी सुरक्षित करते हैं जिससे वह सुखी वैवाहिक जीवन जीने का सौभाग्य प्राप्त करती है।

विवाह में देर वेशक हो जाए पर अंधेर नहीं होना चाहिए–

आज शिक्षा की वज़ह से युवा समाज की तस्वीर बदल रही है–जिसमें लड़कियां आज शिक्षित हो रही हैं, वे रोज़गार प्राप्त कर रही हैं। वे (लड़कियां) अपने जीवन में जब विवाह करना चाहती हैं तो औपचारिकता के लिए नहीं बल्कि जीने के लिए। इसलिए कई बार उनकी उम्मीदों के अनुसार वर को ढूंढ़ते देर भी हो जाती है, जिससे उनके माता–पिता पर परिवार और रिश्तेदारों का दबाव भी रहता है जो जरूरी नहीं है–क्योंकि माता–पिता को समाज की वज़ह से देर को ज्यादा विचार नहीं करना चाहिए, बल्कि तसल्ली से अपनी बेटी के लिए एक बेहतर व योग्य वर ढूंढ़कर बेटी का विवाह करना चाहिए। जिससे कि आपकी बेटी सुखद वैवाहिक जीवन का सौभाग्य प्राप्त करे

और जिए। क्योंकि अगर **माता-पिता समाज, रिश्तेदारों के दबाव या परंपरा की वज़ह से अपनी बेटी का विवाह जल्दबाजी में कर देंगे तो** हो सकता है कि जल्दबाजी में आप अपनी बेटी के लिए योग्य वर का चुनाव न कर पाए हों। जिसका कि खामियाजा बाद में आपकी बेटी को भुगतना पड़े। इसलिए अगर बेटी के विवाह में देर हो रही है तो कोई बात नहीं, लेकिन अंधेर मत होने दीजिए।

कम उम्र में विवाह होना जीवन अभिशापित करता है–

वेशक हमारे देश में पहले बाल–विवाह की परम्परा थी जिस परंपरा के तहत लड़की–लड़के का विवाह बाल उम्र में ही हो जाता था। उस समय वर–वधू अगर समान उम्र के होते थे, तो इस परंपरा के मुताबिक बहुत से ऐसे विवाह भी होते थे जिसमें कि वर–वधू की उम्र में बहुत फासला होता था–लड़की बिल्कुल छोटी उम्र की होती थी और उसका पति उससे दुगुनी, तिगुनी उम्र का होता था। इस प्रकार लड़की को अपने पिता की उम्र का या उससे भी अधिक उम्र का पति मिलता था। उस समय समाज में लड़कियों की स्थिति बिल्कुल दुरुस्त नहीं थी। इस प्रकार नारी जाति पर होते जुल्म और अत्याचार के खिलाफ देश में नारी उत्थान के लिए ऐसी कई बाल–विवाह, विधवा विवाह इत्यादि परंपराओं के खिलाफ आंदोलनों हुए। जिन आंदोलनों के परिणाम से ऐसी परंपरा पर रोक लगी। आज हमारे देश में कम उम्र में विवाह करना कानूनन अपराध है, लेकिन इसके बावजूद भी देश में कई बालविवाह होते हैं और गांवों में तो अक्सर कई लड़कियों का 18 वर्ष से कम उम्र में भी विवाह होता है जो किसी लड़की की जिंदगी को अभिशापित कर देता है।

कम उम्र की सजा

गांव की एक लड़की थी, जिसके पिता किसान थे। लड़की गांव के सरकारी स्कूल में आठवीं कक्षा में पढ़ती थी। लड़की के माता–पिता उसे और नहीं पढ़ाना चाहते थे इसलिए लड़की को आठवीं कक्षा की

वार्षिक परीक्षा भी नहीं देने देते और उसकी पढ़ाई छुड़ा देते हैं। माता–पिता चाहते थे कि बेटी के लिए रिश्ता ढूंढ़कर उसका विवाह कर दिया जाए। बेटी का पढ़ना उनके लिए कोई मायने नहीं रखता था।

गांव में अनपढ़ता या कम पढ़ा–लिखा होना कोई बड़ी बात नहीं लेकिन इसके साथ अब गांव में भी आधूनिकता, जागरूकता का प्रभाव नज़र आ रहा है, जिससे गांव के लोग भी शिक्षा का महत्त्व समझ पा रहे हैं। लेकिन इसके बावजूद भी गांव के कई लोगों में आज भी यह धारणा व्याप्त है कि लड़की अगर जन्म लेकर घर में आई है तो उसके जीवन का मकसद शिक्षा नहीं सिर्फ विवाह है। इसी सोच के तहत इस लड़की के माता–पिता इसकी पढ़ाई छुड़ा लेते हैं और उसके विवाह की तैयारी में लग जाते हैं। माता–पिता द्वारा अपनी बेटी के लिए वर तलाश लिया जाता है और इस तरह से लड़की का विवाह तय हो जाता है। यह लड़की बहुत कम उम्र थी जो 15–16 की उम्र की हो सकती है–लेकिन इसके लिए जिस वर को खोजा गया वह पैंतीस–चालीस के बीच की उम्र का आदमी था। लड़की के माता–पिता अच्छी तरह से जानते थे कि वह जो करने जा रहे हैं, वह सब उनकी बेटी के हित में कभी नहीं है। अपनी बेटी से दुगुनी उम्र से विवाह करना हर तरह से गलत है। हम ऐसे विवाह को अपवित्रता के कगार पर रखते हैं क्योंकि पिता की उम्र का इंसान, जो पिता तुल्य है ऐसे इंसान को पति रूप में स्वीकारना या पाना बिल्कुल गलत है हमारी नज़र में ऐसा होना महागुनाह है।

वह लड़की उस समय तो कम उम्र के साथ कम रागझ होने की वज़ह से विवाह कर लेती है लेकिन विवाह के समय से लेकर विवाह के बाद भी जब उसकी सहेलियों या लोगों द्वारा उसे यह सुनने में आता है कि उसका पति उससे उम्र में बहुत बड़ा है। जब वह अपने पति के साथ चलती है तो यह नहीं लगता कि वह अपने पति के साथ चल रही है–ऐसा लगता है कि वह अपने पिता के साथ चल रही है।

इस प्रकार लड़की का विवाह तो अपनी उम्र से दुगुनी उम्र के इंसान से हो चुका था जिसे अगर वह चाहती तो अपने पति के रूप में स्वीकार कर भारतीय सभ्यता के अनुसार उस व्यक्ति के साथ अपना वैवाहिक बंधन निभा सकती थी, लेकिन उसने ऐसा नहीं किया। वह विवाह के एक साल बाद अपने मायके आकर रहने लगती है–क्योंकि सहेलियों और लोगों की ऐसी बातों ने कि उसके पति उसकी पिता के उम्र के हैं, जो उससे दुगुनी उम्र रखते हैं–इस तरह की बातों ने उसके मन में घर कर लिया था, इसलिए विवाह हो जाने के समय से लेकर विवाह के लगभग एक साल तक वह इसी सोच में पड़ी रहती है कि वह क्या करे? और इसी असमंजस में जब वह विवाह के एक साल बाद अपने मायके आती है तो वापिस नहीं जाना चाहती। लड़की के ससुराल वाले उसे काफी समझाते हैं क्योंकि उसके ससुराल वाले स्वभाव से सकारात्मक थे वेशक उन्होंने अपने बेटे के लिए संतान की उम्र की लड़की बहू बनाई थी। लड़की साफ मना कर देती है कि वह ससुराल नहीं जाना चाहती। वह अपने माता–पिता से बोलती है कि उसे तलाक चाहिए। लड़की को गांव के बुद्धिजीवी, गणमान्य लोग बहुत समझाते हैं लेकिन वह नहीं मानती और इस तरह आखिरकार वह लड़की अपने पति से तलाक ले लेती है।

तलाक के कुछ महीने बाद ही लड़की के माता–पिता उसके लिए फिर से नए रिश्ते की तलाश में लग जाते हैं और एक ऐसे व्यक्ति को अपनी बेटी के लिए चुनते हैं जो पहले वाले पति से उम्र में कम नहीं था बल्कि इस लड़की से बड़े उस आदमी के दो बच्चे भी थे। लड़की के पास कोई विकल्प नहीं था इसलिए उसे अपने माता–पिता के कहने पर दूसरी बार भी वर न पसंद होने पर भी विवाह कर लेना पड़ता है। जो आस–पास के लोग पहले बातें करके उसका पहला विवाह तुड़वा चुके थे वही लोग अब फिर उसे बातों–बातों में एहसास कराते थे कि पहले जो उसका पति था वो सिर्फ उम्र में दुगुना था लेकिन जो अब पति है वो भी उम्र में दुगुना ही है और इसके साथ उसके दो बच्चे भी

हैं जो उस लड़की के हम उम्र हो सकते हैं। उस लड़की को ऐसी बातों को सुनकर अच्छा महसूस नहीं होता। वह ऐसी बातों से अपने जीवन में इतनी पेरशान हो जाती है कि तनाव में आकर आत्महत्या कर लेती है और इस प्रकार कम उम्र में किए गए विवाह की सजा गांव की यह लड़की भुगतती है।

विशेष

गांव में कई गरीब परिवार अपनी बेटी को पढ़ाने की बजाय विवाह का फैसला लेते है फिर चाहे वह बहुत कम उम्र भी क्यों न हो तब भी वह शिक्षा से ज्यादा विवाह को अहमियत देते हैं–इसके बावजूद भी कि 18 वर्ष से कम उम्र की लड़की का विवाह कानूनन जुर्म है तब भी देश में कमसिन लड़कियों के विवाह होते हैं और जिसकी सजा लड़की को भुगतनी पड़ती है।

यह लड़की अपने पहले विवाह से पहले भी जानती थी कि उसके पति की उम्र और उसकी उम्र में बहुत फर्क है–इसके बावजूद विवाह कर लेती है और फिर जब उम्र का अंतर महसूस होने लगता है तो मायके आकर तलाक ले लेती है, और दूसरे विवाह में भी ऐसी ही परिस्थितियाँ सामने आने पर मानसिक तौर पर इतना परेशान हो जाती है कि आत्महत्या कर लेती है। इस लड़की का जीवन जो एक दुःखद घटना हो जाता है– उसकी सबसे बड़ी वज़ह थी लड़की का कम उम्र होना और अशिक्षित होना। अगर माता–पिता द्वारा उसे कम से कम दसवीं तक भी पढ़ा लिया गया होता तो तब तक वह कम उम्र न रहती, और अपनी जिंदगी में अपने विवेक का सही इस्तेमाल करने के योग्य भी हो जाती।

फैसले वेशक इस लड़की ने लिए थे लेकिन गलत समय पर गलत फैसला।

इस लड़की जैसी कई लड़कियां पिछड़े देहाती इलाकों में देश के मिल जाएंगी।

नोट : यह कहानी सच्ची घटना है।

सरकार को नारी जाति से जुड़े इस तरह के मसलों को जड़ से सुलझाने के लिए उचित कदम उठाने चाहिए–

- जैसे हमारे देश में लड़की के विवाह की उम्र कानूनन 18 वर्ष निर्धारित की गई है जो लड़कियों के हित में दुरूस्त और सही फैसला है लेकिन इसके बावजूद आज भी देश के कई पिछड़े इलाकों में इस कानून का उल्लघंन कर लड़कियों का विवाह 18 वर्ष की उम्र से पहले हो रहा है।
- जिस प्रकार लड़की के विवाह की उम्र 18 वर्ष निर्धारित की गई है उसी प्रकार "विवाह पंजीकरण" भी देश में कानूनन अनिवार्य होना चाहिए। जिससे कि कम उम्र में होने वाले लड़कियों के विवाह को रोका जा सके।
- सरकार द्वारा अगर लड़कियों के विवाह की शैक्षिक योग्यता निर्धारित की जाती है तो इससे ऐसी लड़कियों को सशक्त होने में बहुत सहायता मिलेगी, जिन्हें परिवार द्वारा पढ़ने नहीं दिया जाता या बीच में जिनकी पढ़ाई छुड़ा ली जाती है। कम से कम दसवीं कक्षा तक पढ़ना देश में लड़कियों के लिए अनिवार्य किया जाना चाहिए। क्योंकि दसवीं कक्षा कर लेने तक लड़की शिक्षा का अर्थ, शिक्षा का महत्त्व अच्छी तरह से समझ लेती है, उसका विवेक, उसकी बुद्धि सही–गलत की परख कर सकती है और इस प्रकार दसवीं उत्तीर्ण करने के बाद अगर वह आगे पढ़ना चाहती है, कुछ बनना चाहती है तो वह अपने लिए कोई फैसला भी ले पाएगी। और अगर इस कक्षा के बाद किसी लड़की को विवाह भी करना पड़ता है तो वह इतनी समझदार और सभ्य जरूर हो जाएगी कि वह अच्छी बहु, एक अच्छी पत्नी और अच्छी मां बन पाएगी।

कोई भी लड़की हमारे देश के भविष्य की निर्मात्री है इसलिए उसके शिक्षित होने का ध्यान रखना बहुत जरूरी है।

(iv) देहज प्रथा

नारी के अबला होने की बहुत–सी वज़ह हैं जो अब समस्या का रूप ले चुकी हैं–इनमें दहेज प्रथा भी प्रमुख है, जो नारी के सशक्तिकरण में बाधा बनकर नारी को कमज़ोर बनाती है।

दुनियां कहां पहुंच गई है लेकिन हमारे देश में आज भी दहेज प्रथा कुप्रथा के रूप में व्याप्त है। आज भी इस प्रथा में बदलाव नज़र नहीं आता। यह प्रथा आज भी वहीं की वहीं है।

कानूनन चाहे इस प्रथा को अपराध करार दिया गया हो, परंतु समाज इस परंपरा को खुद ही नहीं मिटने देना चाहता है। दहेज प्रथा का प्रारंभ तोफों, उपहारों के रूप में हुआ था जो बेटी के मंगलमय विवाहित जीवन के शुभारंभ के लिए माता–पिता की तरफ से आर्शीवाद स्वरूप था लेकिन बाद में इस प्रथा ने कुप्रथा का रूप ले लिया। जो लड़की के ससुराल की मांगों को बढ़ाता गया।

आज भी हमारे देश में अनगिनत ऐसे विवाह होते हैं जो लड़के वालों की मांग के आधार पर किए जाते हैं। ऐसे विवाहों में **जब तक लड़की के मायके वाले अपनी बेटी के ससुराल की मांगें पूरी करते रहते हैं तब तक ही ऐसे विवाह टिकते हैं** नहीं तो ऐसे विवाहों का भविष्य क्या होता है–ये जग ज़ाहिर है। इस प्रकार कई लड़कियां दहेज के कारण या तो जलाकर मार दी जाती हैं या वो कई प्रकार के मानसिक दबाव या अत्याचार की वज़ह से खुद ही अपना जीवन समाप्त कर लेती हैं, कई लड़कियों के विवाह टूट जाते हैं और उनका जीवन अभिशाप समान हो जाता है।

दहेज प्रथा एक अपवित्र, असभ्य और अनैतिक परंपरा है जो अगर नकारात्मकता युक्त हो जाए तो लड़की के लिए जानलेवा ही है।

खास बातें

दहेज प्रथा को मिटाने/रोकने या समाप्त करने के लिए युवा पीढ़ी को खास तौर पर संकल्पबद्ध होना होगा।

वर/लड़का

वर आत्मसम्मानी बने।

वर भौतिक वस्तुओं का नहीं नैतिक तोफों का पक्षधर हो।

वधू/लड़की

- आप शिक्षित होकर मजबूत बनिए, अबला से सबला बनिए। ताकि दहेज के नाम पर कोई आपको रब का दिया हुआ यह अनमोल इंसान जीवन न ही कभी दुःखमय बना पाए और न ही आपसे यह जीवन कोई छीन सके।
- अगर आप लड़कियां जागेंगी। इस दहेज कुप्रथा की बुराइयों को, इसके नतीजों को समझते हुए इसके खिलाफ खड़ी हो जाएंगी तो आने वाली पीढ़ियों को आप इस असभ्य परंपरा से सुरक्षित भी रख सकेंगी और उन्हें एक सभ्य समाज भी दे पाएंगी।

बाबूल रे

बाबूल रे ऐसी रीतियों के
न मोहे कुर्बान कीजियो
जिंदा इन्सां हूं मैं
न मोहे दहेज का सामान कीजियो

ऐसे घर में न मुझे ब्याहना
जो ससुराल नहीं जेलखाना हो
जिस घर में बहू पर
अत्याचार हो सकें
यहां दहेज के लिए
मुमकिन उसे तड़पाना हो

बाबूल रे मेरा टूटने न
कोई अरमान दीजियो

जिंदा इंसां हूं मैं
न मोहे दहेज का सामान कीजियो

चाहूं न मैं कोई महल–अट्टारियां
मोहे सच्ची मिले पी की नगरिया
ऐसा वर ढूंढ़ियो बाबूल मेरे लिए
जिनके रूप में नज़र हो
रब की सुरतिया

बाबूल रे मोहे–
सच्चे पति का ज़हान दीजिओ

जिन्दा इंसां हूं मैं
न मोहे दहेज का सामान कीजियो

बाबूल रे ऐसी रीतियों के
न मोहे कुर्बान कीजियो
जिन्दा इंसां हूं मैं
न मोहे दहेज का सामान कीजियो।

नारी हमेशा इम्तहानों से गुजरती रही है, खुद को कई तरह की उलझनों से उभारती रही है,

कई बार टूटकर बिखर भी जाती है लेकिन फिर भी कायनात को संवारने वाली सृष्टि का जीवन नारी खुद को हौंसले की मजबूती से संभालकर आगे बढ़ना जानती है और चाहती है अपने लिए एक नए माहौल का निर्माण्–यहां उसके हर रूप को सम्मान मिले, सुरक्षा मिले।

नारी

रब के न्याय की सच्चाई है नारी,
कुदरत की पवित्रता की ऊंचाई है नारी,
जो लोग समझते हैं–वस्तु नारी को,
ऐसे लोगों की वज़ह से ही
तड़पाई गई है नारी।

जो लेना नहीं कुछ चाहती,
देना ही जिसकी फितरत,
दहेज के नाम पर क्यों?
जलाई गई है नारी।

ज़माना चाहे कितनी भी
बुलंदियों को क्यों न छू ले?
आज भी रिवायतों के नाम
परवान चढ़ाई गई है नारी।

वेवज़ह मिटना नहीं चाहती वह (नारी),
है जीने की उसे भी हसरत,
घुट–घुटकर जीने को
मजबूर पाई गई है नारी।

शायद इक सवेरा उसके लिए भी आए,
जो जकड़ी जंजीरों से उसे मुक्त कर पाए,
इसी उम्मीद की इक लौ में,
जीना सीख पाई है नारी,
इसी उम्मीद की इक लौ में
जीना सीख पाई है नारी।

5
भाषा संस्कृति

भारत संस्कार प्रधान देश है अन्य सांस्कृतिक धरोहर की तरह यहां भाषा संस्कृति भी बहुत महत्त्वपूर्ण स्थान रखती है। भाषा किसी भी राष्ट्र के व्यक्तित्त्व का जिक्र होती है। भाषा राष्ट्र का सम्मान होती है।

चाहे राष्ट्रभाषा हो या प्रादेशिक भाषाएं हमारा देश भाषा क्षेत्र में, भाषा संस्कृति में महानता का मुकाम रखता है। हमारे देश की वेजोड़ संस्कृति विश्व भर में अपनी अद्भूत पहचान रखती है।

राष्ट्रभाषा

राष्ट्रभाषा राष्ट्र की एकता की प्रतीक होती है–सारे राष्ट्र को एक सूत्र में पिरो राष्ट्र को जोड़ने की क्षमता रखती है राष्ट्र भाषा का सदैव सम्मान किया जाना चाहिए।

हिन्दी भाषा हमारे देश की राष्ट्र भाषा है जो सारे राष्ट्र को एक रूप में एक साथ जोड़ने का सामर्थ्य रखती है।

राष्ट्र भाषा से अभिप्राय है–राष्ट्र की भाषा, अर्थात् वह भाषा जिसका संपूर्ण राष्ट्र में प्रयोग होता है।

संवैधानिक तौर पर हिन्दी को वेशक देश में सैद्धांतिक तौर पर राजभाषा के रूप में अपनाया गया है लेकिन व्यवहारिक रूप से हिन्दी को देश में ऐसा विशेष सम्मान प्राप्त नहीं है।

हिन्दी की राष्ट्रभाषा के रूप में स्थापना

हिन्दी को राष्ट्रभाषा के रूप में प्रचारित करने के लिए देश की कई महान् हस्तियों ने बहुत मेहनत की है, राष्ट्रपिता महात्मा गांधी जी ने

हिन्दी को राष्ट्रभाषा के रूप में स्थापित करने के लिए सर्वाधिक योगदान दिया है। इनके प्रयत्न से ही हिन्दी भाषा के प्रचार–प्रसार में बल आया इस प्रकार राष्ट्रपिता महात्मा गांधी जी ने कई महान् व्यक्तियों के सहयोग से हिन्दी को सारे राष्ट्र की भाषा के रूप में प्रचारित करने के लिए, कड़े प्रयास किए और इस भाषा को संपूर्ण राष्ट्र की भाषा बनाया।

यदि हिन्दी को राष्ट्र भाषा के मुकाम तक लाने के लिए हमारे राष्ट्रीय पूर्वजों ने इतनी मेहनत की है तो मौजूदा पीढ़ी क्यों इस मेहनत को नज़रअंदाज करते हुए अपने देश की हिन्दी भाषा या प्रादेशिक भाषा को सभ्यता से कबूल नहीं कर रही है।

राष्ट्र भाषा को सम्मान से कबूलें भारतीय

बहुभाषी होना गलत नहीं है बल्कि इंसान को जितनी अधिक भाषाओं का ज्ञान होगा वह उतना ही अपने ज्ञान का विस्तार व्यापकता से कर पाएगा और इस तरह उसे अपना बहुभाषायी ज्ञान उच्चतर मुकाम तक भी पहुंचाएगा और विश्व स्तर पर सफल भी बनाएगा। लेकिन हम सिर्फ यही जताना चाहते हैं कि भाषा ज्ञानी होने की राह पर या सभ्यता में कहीं हमसे **ऐसी गलती नहीं हो जानी चाहिए कि किसी अंतर्राष्ट्रीय भाषा के अदब में हम हमारे देश की राष्ट्र भाषा को नज़रअंदाज कर रहे हों।** यह हमेशा हर भारतीय को याद रखना चाहिए कि अपनी राष्ट्र भाषा को किसी भी वज़ह से नकार कर या वैकल्पिक रूप में न स्वीकारें। क्योंकि यहां विकल्प होते हैं वहां संपूर्णता नहीं होती, वहां हम चुनाव के अधिकारी होते हैं और यहां चयन या चुनाव करने के लिए विकल्प रहें, वहां पसंदगी–नपसंदगी भी रहती है लेकिन यह जरूरी नहीं कि हमारे देश की राष्ट्र भाषा अपने ही देश के नागरिकों के लिए विकल्प बन जाए। हर देश के राष्ट्र की भाषा अपने देश का स्वाभिमान होती है अपने देश की भाषायी धरोहर

होती है जिसका हर राष्ट्र पूरे अदब से सम्मान करता है लेकिन हमारे **देश में हमारी राष्ट्र भाषा को तहे दिल से वो सम्मान अभी प्राप्त नहीं है जो होना चाहिए।**

आप जितनी भाषाओं को सीखकर भाषा ज्ञानी हो सकते हैं यह आपकी प्रतिभा है और इस तरह आपको हर भाषा का सम्मान भी करना चाहिए, चाहे वह विश्व की कोई भी भाषा हो। लेकिन प्राथमिकता आपको अपनी राष्ट्रीय भाषा को ही देनी चाहिए और प्रेम से, गर्व से आपको इन्हें अपनाना चाहिए।

अपने ही घर में अपमान

एक लड़का था, जो गांव में रहता था। लड़का अपने माता–पिता का इकलौता बेटा था–उसकी दो बहनें भी थीं। लड़का गरीब परिवार से था लेकिन पढ़ाई में बहुत होशियार था। गांव में प्रारंभिक शिक्षा पूरी कर लेने के बाद माता–पिता उसे आगे पढ़ने के लिए शहर में भेजते हैं। पढ़ाई में बहुत होशियार होने की वज़ह से वह, लड़का सभी अध्यापकों का प्रिय शिष्य था। शहर के लड़कों की गांव के लड़के से अच्छी मित्रता हो जाती है। शहरी लड़के गांव को देखना चाहते थे, गांव के वातावरण में थोड़ा समय बिताकर गांव का माहौल समझना–चाहते थे इसलिए वह शहरी लड़के तय करते हैं कि छुट्टियों में वह उस गांव के लड़के के घर जाएंगे और कुछ छुट्टियां वहीं पर बिताएंगे।

जब छुट्टियां पड़ती हैं तो गांव में शहरी लड़के उस गरीब लड़के के घर पहुंचते हैं। वह गांव का लड़का था तो शिष्टाचारी लेकिन हीन–भावना का शिकार होने की वजह से वह असमंजस में पड़ जाता है इसलिए अपने सहपाठी मित्रों के अपने घर पहुंचने पर वह लड़का अपनी मां और बहनों का परिचय पड़ौसी परिवार के रूप में कराता है और उन्हें बताता है कि उसकी मां और बहनें किसी रिश्तेदार के घर गई हैं और पड़ौसियों को उनके घर की देखभाल करने के लिए बोल

गई हैं। इतना सब बोलकर वह लड़का तो संतुष्ट हो गया लेकिन वे मां और बहनें अपने ही घर में बेगानी और अपमानित होकर चुप रह गईं।

इस कहानी के अनुसार ही आज हमारे देश में हिन्दी और प्रादेशिक भाषाओं का हाल है, जिसे हम इस कहानी के चरित्रों के अनुसार हमारे देश में राष्ट्रभाषा और प्रादेशिक भाषाओं की स्थिति समझते हैं:

ग्रामीण गरीब लड़का	–	मौजूदा शिक्षित वर्ग (चाहे
	–	वह किसी भी उम्र का हो)
लड़के की मां	–	हिन्दी भाषा
लड़के की बहनें	–	प्रादेशिक भाषाएं
शहरी बच्चे	–	अंग्रेजी भाषा

हमारे देश का मौजूदा शिक्षित वर्ग जो किसी भी उम्र का क्यों न हो, वह अपने देश में भाषाओं के पक्ष में कशमकश की स्थिति में रहता है। ज़ाहिर है वह शिक्षित है उसे कई भाषाओं का ज्ञान हो सकता है, इसलिए खास तौर पर वह ज्यादातर इंग्लिश भाषा का ही प्रयोग करता है। भाषा चाहे कोई भी हो–उसका सम्मान किया जाना चाहिए, लेकिन ऐसी स्थिति भी कभी नहीं आनी चाहिए कि किसी और भाषा की वज़ह से हमारे देश की अपनी भाषाओं का अपमान होता रहे। जिस प्रकार वह गरीब लड़का अपने घर में आए शहरी लड़कों के स्वागत के लिए दिखावा कर अपनी सीधी–सादी माँ और बहनों को पड़ौसी परिवार बताकर उन्हें अपने ही घर में अपमानित कर देता है, बिल्कुल ऐसी ही स्थिति हमारे देश में भारतीय भाषाओं की है।

शहरी लड़के सभ्य थे और ऐसा कुछ नहीं चाहते थे कि वह उनका ग्रामीण सहपाठी कोई ऐसा अनैतिक कर्म करे, पर फिर भी उस लड़के ने हीन भावना से ग्रसित हुए अपनी विवेकहीनता और असभ्यता का परिचय दे–अपने ही घर में अपनी माँ और बहनों को अपमानित किया।

इंग्लिश भाषा को अपनाना गलत नहीं है लेकिन इसके साथ हमें हमारी राष्ट्रीय भाषा हिन्दी, जो संवैधानिक तौर पर भारत की राजभाषा है और हमारी प्रादेशिक भाषाओं को नहीं भूल जाना चाहिए।

हिन्दी और उर्दू भिन्न नहीं

हिन्दी और उर्दू भाषा एक ही भाषा की दो पहचानें हैं वेशक इन दोनों भाषाओं की शैली में भिन्नता है लेकिन ये अलग नहीं। उर्दू भाषा हमारी प्रादेशिक भाषा है–इस प्रकार परिवेश अनुसार हम उर्दू भाषा से संबंध रखते हैं और हिन्दी भाषा हमारी राष्ट्रभाषा है–इस प्रकार हम उर्दू और हिन्दी भाषा से जुड़ाव रखते हुए हम इन दोनों भाषाओं को एक ही भाषा के दो रूप मानते हैं, यही वास्तविकता भी है।

राष्ट्रभाषा

हम अपनों के सलूक से
अपने ही घर में पराए हुए
नाम से राष्ट्रभाषा कहलाती हूं
पर सलूक से हम ठुकराए हुए।

सारे भारत को जोड़ती हूँ
फिर भी हश्र से अपनी वेहाल हूं

कुछ और नहीं चाहती
बस सम्मान का मुकाम चाहती हूं
अपने ही देश में
अपनी पहचान चाहती हूं,

अपनी पहचान चाहती हूं।

6
आतंकवाद

रब ने इंसान को जिंदगी जीने के लिए दी है कि स्वयं भी जिए और दूसरों को भी जीने दे, लेकिन ऐसे इंसान जो नकारात्मक प्रवृत्ति के हैं और आंतकवाद के आधारकर्त्ता और विस्तार–कर्त्ता हैं–ऐसे इंसानों से कभी इंसानियत की उम्मीद नहीं की जा सकती।

आंतकवादी अपनी जिंदगी इसी मकसद में जीते हैं या जीना चाहते हैं कि वे दुनियां में आंतक फैलाकर मासूम, वेकसूर इंसानों का खून बहा सकें, इंसानियत को मिटा सकें।

आतंकवाद विश्व की समस्या

आतंकवाद आज एक देश की समस्या नहीं बल्कि विश्व की समस्या है। सारा विश्व आंतकवाद से त्रस्त है और कई देश आंतकवाद की समस्या से निपटने के लिए तैयार हैं और कई इस समस्या से जूझ भी रहे हैं।

इस समस्या को जड़ से मिटाना वेशक नामुमकिन हो सकता है लेकिन देश के दृढ़ संकल्प, सख्त कानून और अनुशासित नीतियों से काफी हद तक इस समस्या को सुलझाया भी जा सकता है।

आतंकवादी होने की वज़ह

आतंकवादी होने की बहुत–सी वज़ह हो सकती है–

– परिवेश

– संगत

– स्वभाव और भ्रम

परिवेश

इंसान जब इस दुनियां में जन्म लेकर आता है तो वह इतना मासूम होता है कि दुनियां की हर नीयत से अंजान होता है। जन्म से कभी कोई अपराधी नहीं होता–वह जो भी बनता है इस दुनियां में आकर ही बनता है–चाहे इंसान या आंतकवादी। कई बार ऐसा भी होता है कि वह ऐसे परिवेश से होता है कि उसे उसका माहौल भी अपराधी बना देता है–जो उसे अपराध से शुरू हो आंतक के मुकाम तक ले जाता है/पहुंचा देता है। वह इस तरह के हिंसात्मक माहौल का परिवेश समाज से भी पा सकता है, परिवार से भी पा सकता है या किसी खास वर्ग या संगठन से जुड़कर भी पा सकता है। **एक इंसान, इस दुनियां में जन्म लेकर आए और परिवेश सकारात्मक न मिलने की वज़ह से वह इंसान से आंतकी बन जाए तो सहन नहीं होता।** रब ने तो उसे जीने के लिए और दूसरों की जिंदगियों को भी सुखमय और संवरा बनाने के लिए उसे इंसानी जिंदगी दी थी लेकिन वह इस दुनियां में आकर दूसरों को दुःख पहुंचाने लग जाए, हिसांत्मक हादसे करने लग जाए, इंसानियत को लहूलुहान करने लग जाए–तो दर्द होता है–रब को भी और इंसानों को भी।

संगत

बच्चा जब बड़ा हो रहा होता है, तो वह कैसी संगत में जिंदगी में आगे बढ़ रहा है–माता–पिता को यह जरूर ध्यान रखना चाहिए। बल्कि **केवल बढ़ते बच्चे का ही नहीं, युवा संतान की संगत पर भी ध्यान देना चाहिए।** हमें पूरा विश्वास है कि कभी कोई माता–पिता, परिवार नहीं चाहेगा कि उनका बेटा डॉक्टर, इंजीनियर, अध्यापक इत्यादि नहीं बने, बल्कि आंतकवादी बने। इसलिए माता–पिता को अपने बच्चों की संगत पर विशेष निगरानी रखनी चाहिए। संग–साथ का बहुत असर होता है/बहुत प्रभाव होता है इसलिए कभी कोई बूरी संगत के साथ की वज़ह से अगर इंसानियत की राहों से भटककर आंतकी राहों पर आगे बढ़ जाए और अपने जीवन को बर्बाद कर दे

उससे पहले ही आप अपने बच्चे को संभालकर उसे बचा लीजिए ताकि वह इंसान बनकर जी सके, न कि अपराधी बनकर–आंतकी बनकर। हिंसात्मक जीवन जिए और सजा भी पाए।

इस प्रकार कई और भी वजह हैं किसी आम इंसान के आंतकी हो जाने की–चाहे वह गरीबी, बेरोजगारी हो, भ्रम धारणा हो, हालात हों या कोई मजबूरी।

मेरा बेटा इंसान बनेगा

एक आदमी था, जो सड़क के किनारे ठेला लगाता था–वह जिस नगर में रहता था उस नगर में अलग–अलग धर्म के लोगों के बीच दंगे हो जाते हैं। जिस दंगे में कि वह ठेला लगाने वाला बेकसूर ही मारा जाता है। उसके परिवार वाले अपने से दूसरे धर्म के लोगों के प्रति नफरत भावमय हो जाते हैं। ठेला लगाने वाले के तीन पुत्र थे तीनों अपने पिता की मौत का जिम्मेदार अपने से दूसरे धर्म के लोगों को मानते हैं। उन तीनों भाईयों की मानसिकता नकारात्मक हो जाती है। उनमें से दो भाई विवाहित होते हैं। जो मझला भाई होता है उसका एक बेटा भी होता है। यहीं बीच वाला बेटा आंतकवादी संगठन के साथ जुड़कर आंतकवादी हो जाता है और इस तरह बेकसूर लोगों पर आंतकी हमले करना उसकी नीयत और कर्म बन जाता है। "ठेले वाले का जो बेटा आंतकवादी बन जाता है उसकी पत्नी उसे बहुत समझाती है कि यह खून–खराबा करना छोड़ दीजिए, बेकसूर लोगों को दुःख पहुंचाना, उन्हें आंतकी हमलों में मारना छोड़ दीजिए। जिस पिता की मौत का बदला लेने की नफरत में आप अच्छे–भले इंसान से आंतकवादी बन गए हैं– आपको उस दंगे में आपके पिता के साथ क्या हुआ, इसकी कोई जानकारी भी नहीं। किन लोगों द्वारा वे उस दंगे में मारे गए थे–आपको कुछ पता नहीं–फिर आप कैसे किसी से नफरत कर सकते हैं, कैसे किसी दूसरे धर्म के लोगों को अपने पिता की मौत का जिम्मेदार ठहरा सकते हैं। क्योंकि कोई धर्म देखकर उस दंगे में

लोगों को नहीं मारा जा रहा था यह एक हादसा भर था–लेकिन उसका पति उसकी कोई बात न ही समझना चाहता है, न ही मानता है बल्कि वह अपनी पत्नी पर ही रोब जमाने लगता है।''

एक दिन वह ठेले वाले का बेटा, जो आंतकवादी बन गया था–एक मुठ–भेड़ में मारा जाता है। उसके भाई अपने भाई की इस तरह से मौत के बाद वे और भी आग–बबूला हो जाते हैं और उन लोगों के प्रति बदले की भावना रखते हैं, जो दूसरे धर्म के थे और पहले ही जिनसे वे नफरत करते थे। उस आंतकवादी के भाई अब अपने भाई की मौत के बाद अपने भतीजे (मारे गए आंतकवादी के बेटे) को भी आंतक की राह पर गुमराह कर उसे आंतकवादी बनाना चाहते थे ताकि वह अपने पिता का बदला ले सके। इसलिए उस 12 वर्ष के बच्चे को अपने पिता के भाईयों द्वारा, उन लोगों के खिलाफ नफरत का पाठ पढ़ाया जाता है, जिन्हें वे अपने भाई का और इससे पहले वे अपने पिता की मौत का जिम्मेदार समझते थे। उस बच्चे की मां बहुत नेक महिला थी जो पहले ही अपने पति के आंतकवादी आचरण से दुःखी थी और अब उसी राह पर उसका जेठ और देवर उसके बेटे को गुमराह करना चाहते थे–अपने बेटे के जीवन और भविष्य को लेकर वह इस प्रकार बहुत चिंतित थी। वह अपने बेटे के प्रति अपने जेठ की नकारात्मक मानसिकता और नीयत को लेकर परेशान भी थी और फिक्रमंद भी। इस प्रकार वह हिम्मत जुटाकर अपने ससुराल वालों से बात करती है कि वे उसके बेटे को भटका रहे हैं उसके मन में जाति–धर्म का भेदभाव पैदा कर उसे नफरत करना सिखा रहे हैं–उसके नन्हें से मन में बदले की भावना जगा रहे हैं। इस पर उसका जेठ कहता है कि–''जिन लोगों ने उसके पति को मारा है क्या उसे उनसे नफरत नहीं? क्या वह नहीं चाहती कि उसके पति की मौत का बदला, उसका बेटा ले? या फिर उसे अपने पति की मौत पर दुःख नहीं है। अपने जेठ को वह उसके सवालों/उसकी बातों का जवाब इस प्रकार देती है कि–'सबसे पहले तो उसके पति को किसी ने नहीं मारा बल्कि वह खुद

ही अपनी मौत का जिम्मेदार हैं क्योंकि जब वह (उसका पति) दूसरे मासूम लोगों पर आंतकी हादसे कर उन्हें मार रहा था तो उस आंतकवाद के साथ वह वैसा ही भविष्य अपने लिए भी बना रहे थे, यानि जैसे उन्होंने दूसरों के साथ आंतकपन किया, उन्हें भी तो वैसा ही भुगतना पड़ सकता था इसलिए उसके पति अपनी मौत के जिम्मेदार वे खुद हैं और कोई नहीं। मुझे भी दुःख है अपने पति की मौत का लेकिन उन्होंने खुद ही आंतक के पक्ष में इंसानियत के खलाफ नफरत की वह राह चुनी थी जिस राह पर कभी भी कुछ भी हो सकता था। अपने पति की मौत का दुःख तो हमेशा रहेगा लेकिन यह भी नहीं भूल सकती कि उन्होंने कैसे निरपराधी इंसानों का खून बहाया था। आपने पहले मेरे पति को नफरत का पाठ पढ़ाकर, उसे आंतकवादी बनाया और अब आप एक बार फिर ऐसा ही करना चाहते हैं।''

वह महिला दुःखी थी कि उसके बेटे को गुमराह करने की तैयारी है। 12 वर्ष का, उसका बेटा अपने ताऊ और चाचा के सिखाए शब्दों को दोहराता था कि 'उसे उनसे नफरत है–जिन्होंने उसके पिता को मारा है और वह उनसे बदला लेगा।' उस बच्चे की मां अपने बेटे की ऐसी जुबां को सुनकर बहुत डर जाती है। वह अपने ससुराल वालों से कहती है कि उसका बेटा आंतकवादी नहीं, इंसान बनेगा। जो किसी से नफरत नहीं प्रेम करेगा और जिसका जाति–धर्म सिर्फ इंसानियत होगी। लेकिन उसके ससुराल वालों पर उसकी फरियाद, उसकी भावनाओं का कोई असर नहीं होता। वे अपनी नफरत भरी आंतकी मानसिकता पर अड़िग थे।

वह महिला अपने बेटे का उस घर में गुमराह भविष्य देख–अपने आप में यह तय करती है कि वह अपने बेटे को यहां से लेकर कहीं और चली जाएगी। वह अपने ससुराल को छोड़कर जाने लगती है लेकिन उसे रोक लिया जाता है और उसे उसके जेठ द्वारा कहा जाता है कि–वह जाना चाहती है तो जाए, लेकिन उसका बेटा कहीं नहीं जाएगा। वह अपने बेटे के बिना तो कहीं जा नहीं सकती थी इसलिए

उसे रूकना पड़ता है। वह उसी रात को अपने बेटे को साथ लेकर आधी रात के अंधेरे में चुपके से अपने ससुराल से निकल जाती है। वह कुछ दूर ही पहुंची होती है कि उसके ससुराल वालों को पता चल जाता है। वे बंदूक के साथ उनकी खोज में निकलते हैं। वह महिला डरती–भागती एक पुलिस–चौकी में पहुंचती है और अपनी आपबीती सुनांती है। वह पुलिसवालों से गुहार करती है कि वह उस रियासत (State) के मुख्यमंत्री से मिलना चाहती है। वह उन्हें बताती है कि अगर जल्द उसके बेटे को उसके ससुराल वालों से बचाने का उपाय नहीं किया गया तो वे उसके बेटे को उससे छीनकर आंतकवादी संगठन में शामिल कर देंगे। वह कभी किसी हाल में भी नहीं चाहती कि उसका बेटा आंतकवादी बनकर इंसानों का लहू बहाए।

उस महिला के ससुराल वाले उन्हें ढूंढते हुए उन तक आ पहुंचते हैं, उस समय सवेरा भी होने वाला था। उस महिला का जेठ उसे अपना बेटा उनके हवाले करने को कहता है, पर वह नहीं मानती। ज़ोर–जर्बदस्ती होने लगती है–वह बहुत चीखती–चिल्लाती है। सुबह आते–जाते लोग काफी संख्या में उस पुलिस चौकी के चौराहे पर इकठ्ठे हो गए थे–वह सबसे मदद की फरियाद करती है लेकिन कोई उसकी मदद को सामने नहीं आता।

तब वह महिला अपने जेठ को बोलती है कि अगर वह अपने बेटे को यहां से अपने साथ इंसान बनकर जीने के लिए नहीं ले जा सकी तो वह उनके साथ अपने बेटे को आंतकवादी बनाने के लिए भी नहीं ले जाने देगी। वह खुद भी मर जाएगी। और अपने बेटे को भी मार देगी, लेकिन किसी हाल में भी अपने बेटे को आंतकवादी नहीं बनने देगी। उसका जेठ उससे जर्बदस्ती कर उसका बेटा उससे छीनने लगता है लेकिन वह अपने बेटे को बचाने के लिए उनसे बड़ी जद्दोजहद करती है तभी क्रोध में आकर उसका जेठ उसे गोली मार देता है–वह बहुत बुरी तरह से ज़ख्मी हो जाती है। जो लोग पहले भीड़ के रूप में चुपचाप खड़े देख रहे थे इतना अत्याचार देखकर अब वे सब बौखला

उठते हैं और उस महिला के जेठ और उसके बाकी साथियों को पकड़ लेते हैं। वह महिला खून से लथपथ हो रही थी, उसका बेटा उसके पास (मां के पास) खड़ा रो रहा था। "महिला घायल हालत में भी अपने बेटे को बस यही समझा रही थी कि–तेरे पिता को किसी ने नहीं मारा। उन्होंने खुद मौत को अपने लिए चुना। अगर वह आंतकवाद की राह पर गुमराह होकर दूसरों का खून बहाने लगे थे तो उन्हें भी तो हिसाब देना था–इसलिए अपने पिता की मौत का जिम्मेदार कभी किसी को मत समझना। जो आंतकवादी होते हैं–उनका जीवन उन्हीं के कर्मों के अनुसार होता है। आंतकवादी किसी और को मारने से पहले खुद को ही मारता है–इंसानियत भूलकर, अपना ज़मीर भूलकर, आंतकवादी इस प्रकार अपना अंजाम खुद ही तय करते हैं। इसलिए यह कभी मत समझना और मानना कि तेरे पिता को किसी ने मारा। तेरे पिता को किसी और धर्म के लोगों ने नहीं बल्कि उसके अपने स्वभाव और कर्मो ने उसे मारा।"

"आज तेरी मां को मारने वाले कोई गैर नहीं, कोई दूसरे धर्म का नहीं, कोई दूसरे परिवार का नहीं। इसलिए **कभी जाति-धर्म के नाम पर किसी से नफरत या भेदभाव करने की सभ्यता को मत अपनाना। ये हमेशा याद रखना कि कोई धर्म कभी नहीं सिखाता कि इंसान इंसानो का कत्ल करें, इंसानों से नफरत करे। हर धर्म प्रेम और भाईचारा सिखाता है, इंसानियत से जीने की सभ्यता सिखाता है-इसलिए कभी किसी से नफरत मत करना। जिंदगी में सिर्फ प्रेम करना, इंसानियत को ही अपना धर्म समझना और एक नेक इंसान बनना।"**

वह महिला घायल अवस्था में वहां मौजूद सभी लोगों से गुजारिश करती है कि उसके बेटे को एक सभ्य इंसान बनाने की जिम्मेदारी अगर सरकार ले ले तो वह चैन से मर सके। सभी उसे विश्वास दिलाते हैं कि उसका बेटा वैसा ही बनेगा जैसा वह चाहती है।

इस घटना की आवाज़ और उस महिला की पुकार मुख्यमंत्री तक

पहुंच चुकी थी तभी मुख्यमंत्री घटना–स्थल पर पहुंचते हैं। मुख्यमंत्री उस महिला को विश्वास दिलाते हैं कि वह जैसा चाहती है, वैसा ही होगा। उस महिला को अस्पताल ले जाने की तैयारी से पहले ही, उसकी मृत्यु हो जाती है।

वेशक वह महिला जिन्दा नहीं रह सकी थी लेकिन अपने बेटे के भविष्य की तरफ से निश्चित होकर वह अपनी आंखे बंद कर सकी थी।

यह थी वो मां, जो बहुत नेक और इंसानियत प्रिय थी। सिर्फ इंसानियत को ही अपना धर्म समझती थी। किसी इंसान या समुदाय से नफरत नहीं करती थी और न ही अपने पति की मौत का जिम्मेदार किसी और को समझती थी। इंसानियत से प्रेम करने वाली यह महिला इंसानियत की रक्षा की खातिर अपने साथ अपने बेटे को मार देने का फैसला कर लेती है। क्योंकि यह अपने बेटे को आंतकवाद की भेंट नहीं चढ़ने देना चाहती थी इसलिए जब यह अपने बेटे को इंसान बनाने की क्षमता नहीं जुटा पा रही थी तो उसे (अपने बेटे को) गुमराह करने वालों की नीयत का शिकार भी नहीं होने देना चाहती थी।

अगर हर मां ऐसा फैसला ले ले तो इंसानियत का मुकाम कैसा हो सकता है, यह समझा भी जा सकता है और देखा भी जा सकता है।

उस महिला के ससुराल वाले वे सदस्य, जिन्होंने पहले उसके पति को गुमराह कर आंतकवादी बनाया था और अब वैसा ही उसके बेटे को बनाना चाहते थे, उस महिला की हत्या भी इन्हीं द्वारा की गई थी। इनको इनके अपराधों के तहत कानून द्वारा सख्त सजा दी जाती है।

और उस महिला के बेटे की सारी जिम्मेदारी, जैसे वह महिला चाहती थी–सरकार द्वारा ली जाती है।

अगर व्यवस्था और सरकार इस तरह से कर्मरत हो जाएं और हर घर की महिला जाग जाए–मां, पत्नी, बहन, बेटी–हर रूप में तो वेशक आंतकवाद को पूरी तरह से नहीं लेकिन काफी हद तक मिटाया जा सकता है।

कोई धर्म नहीं सिखाता

कोई धर्म नहीं सिखाता,
यूं गुनेहगार हो जाना।
किसी को लहू–लुहां करके,
यूं अपनी आस पुजाना।

ऐसे लोगों की अदब–ओ–नीयत,
इनके अपनों को भी बर्बाद करती,
किसी और को मिटाना जो,
बड़ी बात हैं समझते,

जाति–धर्म के नाम पर,
पड़ता वेकसूरों को कर्ज चुकाना।

कोई धर्म नहीं सिखाता,
यूं गुनेहगार हो जाना।
किसी को लहू–लुहां करके,
यूं अपनी आस पूजाना।

कभी रब ने नहीं चाहा
के इंसान बंट जाएं
होके गुमराह जिंदगी में जो
हर तरफ आंतक मचाएं
ऐसे नफरतमय लोगों ने
न इंसानियत का अर्थ भी जाना

कोई धर्म नहीं सिखाता,
यूं गुनेहागार हो जाना।
किसी को लहू–लुहां करके,
यूं अपनी आस पूजाना।

किसी बुराई या अपराध को शाख से नहीं काटना चाहिए बल्कि जड़ से मिटाने की कोशिश करनी चाहिए–जिससे कि किसी अपराध पर काफी हद तक काबू भी किया जाए और किसी का जीवन गुमराह होकर बर्बाद होने से बचाया भी जा सके–यही न्याय है, यही इंसानियत है, यही कर्म है।

7
धर्मनिरपेक्षता और भाईचारा

भारत अपनी सभ्यता और संस्कृति अनुसार एक धर्म–निरपेक्ष देश है और संवैधानिक तौर पर भी भारत को धर्मनिरपेक्ष देश घोषित किया गया है। धर्म–निरपेक्षता का अर्थ है–जाति–धर्म से परे, बिना किसी जाति या धर्म के पक्षपात के इंसानियत को श्रेष्ठ मानना। **धर्म-निरपेक्षता सत्य का स्वरूप है जो इंसान को इंसान से जोड़ता है- उसे बिना किसी भेदभाव के एकता के सूत्र में पिरोता है।** परंतु इस वास्तविकता से इंकार नहीं किया जा सकता कि व्यावहारिक रूप में हमारा देश धर्म–निरपेक्षता के स्वरूप और अर्थ से फिलहाल बहुत दूर है।

सैद्धांतिक तौर पर भारत धर्मनिरपेक्ष

भारत को स्वतंत्र कराने के लिए हमारे देश के स्वतंत्रता सेनानियों ने और आंदोलनकारियों ने बहुत मेहनत–मशक्कत की है और स्वतंत्रता प्राप्ति के आंदोलन के दौरान हमारे देश के देश प्रेमियों ने अनगिनत कुर्बानियां दी हैं–ये देशप्रेमी आंदोलनकारी देश को स्वतंत्र कराने वाले सभी धर्मनिरपेक्ष थे जिनके बलिदान और कुर्बानियों से हमारा देश स्वतंत्र हो सका है।

स्वतंत्रता प्राप्ति के बाद भारत को संविधान के तहत् धर्मनिरपेक्ष देश का स्वरुप प्रदान किया गया। इस प्रकार **सैद्धांतिक तौर पर तो भारत धर्म निरपेक्ष देश है लेकिन व्यावहारिकता अनुसार पूर्णरुप से भारत देश कब धर्म-निरपेक्ष होगा, ये गंभीरता से सोचने का विषय है।**

धर्मनिरपेक्षता भाईचारे का पर्याय है लेकिन हमारे देश का भाईचारा टूट रहा है, जिसकी कई वज़ह हैं।

पक्षपात और भेदभाव

पक्षपात असभ्यता और अनैतिकता का आधार है, यहां पक्षपात होता है वही भेदभाव को बढ़ावा मिलता है। जरूरी नहीं कि पक्षपात या भेदभाव किसी खास जाति या धर्म से हो। पक्षपात करने वाला स्वयं जिस जाति–समुदाय या धर्म समुदाय से संबंध रखता होगा या पक्ष में होगा, वह उसी के हित में रहेगा। तो इस तरह जाहिर है कि यहां एक पक्ष के साथ जरूर भेदभाव होगा। चाहे वह किसी भी जाति या धर्म समुदाय का हो, क्योंकि वहां पर निष्पक्षता नहीं है–पक्षपात है।

पक्षपात और भेदभाव का रवैया हमारे देश की एकता को मिटा रहा है, हमारे देश के भाईचारे को तोड़ रहा है-जो हमारे देश के आज और विशेष तौर पर देश के भविष्य के लिए मंगलमय नहीं है। ऐसा रवैया भारत में भविष्य में एक प्रमुख राष्ट्रीय समस्या का रुप भी ले सकता है इसलिये इस भेदभाव और पक्षपात के रवैये को नज़र अंदाज नहीं किया जाना चाहिए। ऐसे माहौल में ऐसे भारत का निर्माण हमारे देश की सरकार ही कर सकती है यहाँ देश के किसी भी क्षेत्र और विभाग में जाति–धर्म के तह्त बेवजह पक्षपात या भदेभाव न हो। बल्कि सबके साथ इंसानियत से समान व्यवहार किया जाए। इस प्रकार निष्पक्षता के आधार पर ही देश में कर्म होना चाहिए।

युवा सदैव वास्तविकता को समझें और जाति-धर्म से परे निष्पक्ष भाईचारे को अपनाएं

युवा बहुत अहम् पक्ष है जिनके हाथ हमारे देश के भविष्य की तकदीर है। हम उस तकदीर को नहीं मानते जो खुद–व–खुद बंनने की उम्मीद देती है, क्योंकि यह कर्महीनता होगी। कर्म करने वाले अपनी तकदीर खुद लिखते हैं, खुद बनाते हैं इसलिए **युवा पक्ष को अपने कर्म में इस तरह से तत्पर होना होगा कि वे हमारे देश के भविष्य की तकदीर जाति-धर्म से अलग इंसानियत के पक्ष में लिख सकें, रच सकें।** युवा पक्ष जिस भाव और विचार से आगे बढ़ेगा, हम हमारे देश का आज और खास तौर पर आने वाला कल उसी रूप में देख पाएंगे युवाओं के हाथ ही देश के भविष्य की बागडोर है, फिर चाहे वह युवा व्यवस्था से जुड़ा हो या आम सामाजिक वर्ग से।

युवा

युवा मेरे देश की तकदीर है,
युवा ही भारत की तस्वीर है।

भारत का तब्बुसम हैं युवा
हैं भारत का नाज–ओ–मान
आज का बच्चा कल का युवा
जिनसे है देश के अरमान

युवा देश के ख्याबों की ताबीर है
युवा मेरे देश की तकदीर है,
युवा ही भारत की तस्वीर है।

ऐसा भारत बनाना आप युवाओं,
यहां सदाचार मुस्कराए,
भ्रष्टाचार की न हो जगह यहां,
यहां सत्य सम्मान पाए,

युवा भारत की तनवीर है,
युवा मेरे देश की तकदीर है,
युवा ही भारत की तस्वीर है।

युवा मेरे देश की तकदीर है
युवा ही भारत की तस्वीर है

आरक्षण

आरक्षण व्यवस्था हमारे देश में जिस जाति–समुदाय या जिस विशेष वर्ग को उन्नत करने के लिए लागू की गई थी, उस समय यही उचित होगा तभी ऐसा किया गया। लेकिन मौजूदा समय में आरक्षणों के दायरे और बढ़ाने की कोई जरूरत तो स्पष्ट नहीं होती।

आरक्षण व्यवस्था का आरंभ जिस दौरान भारत में हुआ, उस समय इस व्यवस्था को निष्पक्षता से लागू किया गया। और यहां निष्पक्षता होती है, वहां सत्य होता है, न्याय होता है लेकिन मौजूदा समय में आरक्षणों का दायरा बेवजह और बढ़ाए जाने से देश में पक्षपात और भेदभाव का माहौल बढ़ेगा। जो देश के पक्ष में तो नहीं हो सकता।

तोड़ने में एक पल या कुछ समय लगता है लेकिन जोड़ना कभी बिल्कुल नामुमकिन भी हो जाता है। ऐसे **आरक्षणों के कारण हमारा देश, हमारे देश का भाईचारा टूटकर न रह जाए, इसलिए हमारे देश के व्यवस्था निर्माताओं को आरक्षण के सिर्फ सकारात्मक पहलू ही नहीं नकारात्मक पहलू भी गौर से महसूस करके देख लेने चाहिए।** अगर मौजूदा समय में आरक्षण की हदें और बढ़ाई गईं तो इससे सत्य की यानि इंसानियत की तौहीन होगी और देश का अहित होगा।

आरक्षण

यह कैसा है आया देश में,
फिर नया ये दौर,
यहां आरक्षणों का है हर तरफ,
गूंज रहा दिन व दिन शोर।

मुनासिब नहीं के देश में
फिर ऐसे हों हालात
यहां जाति–धर्म के नाम पर
हो भेदभाव का जोर

यह कैसा है आया देश में
फिर नया ये दौर
यहां आरक्षणों का है हर तरफ
गूंज रहा दिन–व–दिन शोर

मुरझा जाएंगे देश में
भाईचारे के फूल
गर यूं ही होता रहा
आरक्षणों पे गौर

यह कैसा है आया देश में,
फिर नया ये दौर,
यहां आरक्षणों का है हर तरफ,
गूंज रहा दिन–व–दिन शोर।

प्रदेशवाद

प्रदेशवाद भी एक वज़ह है जो हमारे देश के आपसी भाईचारे को तोड़ रहा है। हमारे देश में पहले ही कितने कारण हैं। देश के नागरिकों के आपसी प्रेम और भाईचारे को तोड़ने–बांटने के और अब प्रदेशवाद भी देश को दिशाओं में बांटने की परंपरा का रूप लेता जा रहा है।

वैसे तो प्रदेशवाद देश में पहले भी मौजूद था–लेकिन पहले इसका स्तर बहुत व्यापक नहीं था लेकिन मौजूदा समय में प्रदेशवाद विस्तार की मुहिम बन रहा है।

देश के नागरिकों को ये बराबर अधिकार होना चाहिए कि वे देश के किसी हिस्से में देश की किसी दिशा में हक़ से आ-जा सकें और निवास कर सकें।

''प्रदेशवाद देशद्रोह है।''

ऐसा हो भारत देश हमारा

देखा है हमने एक सपना
ऐसा हो भारत देश हमारा
यहां इंसानियत सदा श्रेष्ठ रहे
यहां प्रेम की गंगा बहे

न हो जाति–धर्म का भेदभाव यहां
एक धर्म हो सबका इंसानियत
यहां एकता का राग गूंजता रहे
यहां प्रेम की गंगा बहे

देखा है हमने एक सपना
ऐसा हो भारत देश हमारा

यहां दोष किसी की नीयत में न हो
हो मानवता की कद्र यहां
यहां सदाचार की जगमग मशाल रहे
यहां प्रेम की गंगा बहे

देखा है हमने एक सपना
ऐसा हो भारत देश हमारा

यहाँ भाईचारा कायम रहे
हर इंसान दूसरों को समझे यहाँ
न कोई पक्षपात करे
यहाँ निःस्वार्थता का भाव रहे
यहाँ प्रेम की गंगा बहे

देखा है हमने एक सपना
ऐसा हो भारत देश हमारा

न कोई गुमराह हो यहाँ
न हो किसी पे कोई अत्याचार
ऐसी व्यवस्था हो देश की
यहाँ हर कोई खुशहाल रहे
यहाँ प्रेम की गंगा बहे

देखा है हमने इक सपना
ऐसा हो भारत देश हमारा
यहाँ इंसनियत सदा श्रेष्ठ रहे
यहाँ प्रेम की गंगा बहे
यहाँ इंसानियत सदा श्रेष्ठ रहे–
यहाँ प्रेम की गंगा बहे,
देखा है हमने इक सपना–
ऐसा हो भारत देश हमारा,
ऐसा हो भारत देश हमारा।

8
शाकाहार

मनुष्य जीवन पाना सौभाग्य है। अन्य जीवों में केवल मनुष्य जीवन ही सर्वश्रेष्ठ है। मनुष्य बोल सकता है, देख सकता है, सोच सकता है। अपने भाव–विचारों को शब्द और कर्म द्वारा अभिव्यक्त कर सकता है परंतु अन्य जीव (कीड़े–मकोड़े पशु, जीव–जन्तु) इत्यादि मनुष्य की भांति कुछ भी स्वयं द्वारा अभिव्यक्त नहीं कर सकते। पहचान, एहसास, दर्द अन्य जीव वर्ग को भी होता है परंतु उनके पास अभिव्यक्ति के ऐसे साधन नहीं जो मनुष्य के पास हैं।

मनुष्य जब किसी जानवर को पालता है तो वह जानवर एक तरह से स्वयं को उस परिवार का हिस्सा समझता है चाहे वह मनुष्य उस पर नाराज़ भी होता है और कभी उसकी पिटाई भी करता है, तब भी वह वेजुबां पशु या अन्य वेजुबां प्राणी उससे अलग नहीं हो जाता। बल्कि उसकी क्रोध भरी पिटाई सहकर भी उसके लिए अपनापन रखता है–मतलब जानवर भी आपके प्रेम में अपने होते हैं, बस आप उन्हें अपना समझकर प्रेम से उन्हें कबूल कीजिए।

हर जीवन सृष्टि का महत्त्व है

जानवर चाहे कोई भी हो, उसे उस घर की पहचान रहती है जहां वह रहता है लेकिन वह मनुष्य की तरह ख़ुद को जाहिर नहीं कर सकता। उसमें और इंसान में सबसे बड़ फर्क है--रूप और आकृति का। फिर फर्क है अभिव्यक्ति माध्यम का, जीवन सभ्यता का। इस तरह कई अंतर देखने में आते हैं। परंतु जानवर और इंसान में सबसे

श्रेष्ठ मेल है–जीवन का, जीवात्मा का। जो आत्मा मनुष्य में वास करती हैं वही आत्मा किसी भी जानवर, **जीव-जन्तु इत्यादि में वास करती है। आत्मा ईश्वर है। जो कण-कण में व्यापत हैं। ईश्वर ने हर जीव की रचना सृष्टि की तरफ या मानव समाज की तरफ महत्त्व से ही की होगी। इस प्रकार सभी प्राणी सृष्टि का सौंदर्य हैं, महत्त्व हैं।**

शाकाहार अहिंसा है

ईश्वर सत्य है और सत्य अहिंसात्मक होता है। ईश्वर ने किसी भी प्राणी को वेवज़ह हिंसा का शिकार होने के लिए नहीं बनाया है उन्होंने कभी भी नहीं चाहा है कि अलग–अलग जीव–जानवर श्रेणियों में से क़िसी श्रेणी के अंतर्गत आने वाले किसी जानवर या जीव–जंतु को मनुष्य अपने भोजन का अंग बनाये।

मानव समाज के भोजन के लिए ईश्वर ने अनगिनत प्रकार के फल–फूल, पत्ते, सब्जियाँ, दूध, दही, घी, अन्न इत्यादि का प्रबंध किया है। ईश्वर ने शाकाहार के रूप में मनुष्य समाज के सामने अनगिनत विकल्प प्रस्तुत किए हैं।

वे (ईश्वर) इंसान को प्रेम का संदेश देकर उसे अहिंसावादी बनाना चाहते हैं। इस प्रकार वे कभी नहीं चाहते कि आप किसी वेजुबां जानवर, जीव–जंतु पर हिंसा कर उसे अपने भोजन का भाग बनाएं।

भ्रम है कि हिसांत्मक भोजन (Nonveg) सेहतमंद होता है

हमने देखा है कि जो इंसान हिंसात्मक भोजन को स्वीकार करते हैं वे खास तौर पर इस भ्रम के शिकार होते हैं कि इस प्रकार का भोजन जिसका आधार हिंसात्मक है–सेहत के लिए हितकर होता है क्योंकि चिकित्सक भी इस भोजन को प्राथमिकता देते नज़र आते हैं। इसलिए जो लोग अस्थिर स्वभाव के होते हैं वे अपनी बुद्धि का प्रयोग नहीं करते। वे इस प्रकार के हिंसात्मक भोजन को तवज्जो देने वालों

का अनुसरण कर खुद भी ऐसे भोजन को अपने जीवन में स्वीकार करते हैं।

जो लोग इस भ्रम की वज़ह से हिंसात्मक आहार ग्रहण करते हैं कि ऐसा भोजन उनकी सेहत को स्वस्थ रखेगा तो यह उनकी गलतफहमी है क्योंकि शाकाहार में जो सेहत के लिए दुरूस्तता है हितकारिता है वह हिंसात्मक भोजन में नहीं।

शाकाहार पवित्र है। इसमें किसी प्राणी की कोई हिंसा नहीं। हिंसात्मक आहार (Non vegetarian) ग्रहण करने से कई प्रकार के रोग भी हो सकते हैं परंतु शाकाहार के संतुलित प्रयोग से सेहत हमेशा स्वस्थ और पोषित रहती है। शाकाहार अपने आप में एक प्रकार से औषधि रूप भी है।

भारतीय संस्कृति शाकाहार का ज्ञान देती है

युवा समाज शिक्षित हो रहा है, सभ्य हो रहा है। वह बेहतर समझता है कि उसके संस्कार क्या हैं, सभ्यता क्या है। इस प्रकार सैद्धांतिक रूप से युवा वर्ग ज्ञानवान है परंतु उसे अपने ज्ञान को व्यावहारिक रूप में भी स्वीकार करना है और उसे जीवन में भी उतारना है। **युवा वर्ग को यह हमेशा याद रखना है कि वे देश का भविष्य है और आने वाली पीढ़ियों की विरासत हैं।** इसलिए उन्हें देश के श्रेष्ठ भविष्य का निर्माण् करने के लिए देश की आने वाली पीढ़ियों को विरासत में पवित्र आहार को ग्रहण करने की प्रेरणा भी देनी है।

युवा सचेत होकर शुद्ध भोजन को ग्रहण करें। युवा वर्ग शाकाहारी बनें।

रब ने हर जीव को जीने के लिए जीवन दिया है–

कई बार ऐसे मनुष्य जो हिंसात्मक भोजन के पक्ष में होते हैं वे ऐसी धारणा, ऐसी सोच भी रखते हैं कि कुछ ऐसी जीव–श्रेणियां (पशु–जंतु वर्ग) जिन्हें वे अपने भोजन का अंग बनाता है अगर वे इन्हें अपने भोजन

का हिस्सा नहीं बनाएगा तो इनका क्या होगा। वे ऐसा भाव–विचार, ऐसी सोच रखता है कि उसके भोजन के लिए ही इन जीवों का निर्माण् हुआ है पर यह उसकी गलत धारणा है, गलत सोच है। उसे केवल अपनी आत्मा की सुनकर यह तय करना चाहिए कि उसे कैसा भोजन कबूल करना है। अगर उसमें ज़रा भी सत्य का, ईश्वर का सम्मान है तो वह शाकाहार को अपनाएगा। इसलिए उसे सही का चयन कर बाकी सब भूल जाना चाहिए।

रब ने अपनी सुंदर सृष्टि में जीवों को वेवज़ह मिटने के लिए नहीं, उन्हें उनके जीवन अनुसार जीने के लिए भेजा है।

शाकाहार अपनाओ

शाकाहार की हरियाली का
नया दौर ले आओ।
यही गुजारिश है जन–जन से
शाकाहार अपनाओ।

अनगिनत शाकाहारी वस्तुएं,
जब रब ने बनाई हैं जहां में,
फिर क्यों हिंसा से किसी जीव को,
भोजन का भाग बनाओ।

शाकाहार की हरियाली का
नया दौर ले आओ।
यही गुजारिश है जन–जन से
शाकाहार अपनाओ।

शाकाहारी सभ्यता से
शोभित है भारतीय संस्कृति,
यही गुरूओं की वाणी है,
यही वेद–ग्रंथों की नीति,
दृढ़ता और संकल्प से
शाकाहार अपनाओ,

दृढ़ता और संकल्प से,
शाकाहार अपनाओ।

शाकाहार की हरियाली का
नया दौर ले आओ
यही गुजारिश है जन–जन से
शाकाहार अपनाओ,
शाकहार अपनाओ।

9
नशा

मानव ऐसा पीजिए
जो आपको पावन कर जाए।
न कि ऐसा पीजिए
जो आपको अभिशापित कर जाए।

जो इंसान गलत पीते हैं तो उनकी जुबां से गुजरते हुए उनका अंतकरण भी अपवित्र हो जाता है और उनके कर्म भी अपवित्र हो जाते हैं। **नशा किसी विकल्प में, किसी रूप में भी आपको गलत ही देता है-चाहे सेहत के रूप में, चाहे आचरण के रूप में, चाहे विकल्प के रूप** में। नशा करने वाले इंसान वेवज़ह नशे के मोह में अपने अमृत समान जीवन को बर्बाद कर लेते हैं।

नशा करना खुद को गंवाना है

नशा करने वाला नशे के किसी रूप को भी अपनाकर कमजोर ही बनता है।

नशे का आदी मदिरा पीने वाला इंसान अपना होश भी गंवाता है, शक्ति भी गंवाता है और अपना अंतकरण भी अपवित्र करता है। सिर्फ एक पल के जायके के लिए खुद को पीने का आदी बनाकर ऐसा इंसान हमेशा के लिए इस आदत की वज़ह से तबाह होकर रह जाता है।

क्यों? किसलिए? आप खुद को नशे के हवाले कर देते हैं और अपनी जिंदगी को वेहोश बना देते हैं। आपके अपने जो आपके साथ जीना चाहते हैं जो आपके साथ मुस्कराना चाहते हैं आप अपनी इस मदिरापान की आदत से उन्हें परेशान कर, उन्हें खामोश कर देते हैं।

मदिरा–पान की आदत ऐसी बुराई है जो हमेशा इंसान को शर्मसार ही करती है, कभी उसे सम्मानित नहीं करती। नशे का चाहे कोई और रूप हो (कोई अन्य मादक पदार्थ) या मदिरा रूप/विकल्प–यह (नशा) आपको हर हाल में नुकसान ही करेगा, कभी सेहत के रूप में, कभी कर्म के रूप में, कभी रिश्तों के रूप में। नशा करने वालों की सेहत हमेशा बिगड़ी ही रहती है।

शराब–पीने वाला इंसान कभी भी वेहोशी के आलम में किसी से कोई बदसलूकी या लड़ाई–झगड़ा या कोई और अपराध भी कर देता है और अपराधी बन जाता है। मदिरा–पीने वाले के परिवार वाले हमेशा उसकी आदतों से उसके कर्मों से परेशान रहते हैं। कभी इस नशे का आदी इंसान घर में उनकी परेशानी का सबब बनता है, कभी समाज में कोई हंगामा कर अपने परिवार वालों को दुःखी करता है।

नशा तो परिवार का एक सदस्य करता है परंतु उसका असर सारे परिवार पर पड़ता है।

नशे का रूप-तम्बाकू

तंबाकू सेहत के लिए हानिकार है–यह तंबाकू सेवन करने वाले को भी पता है, बेचने वाले को भी पता है और इसका निर्माण् करने वाले को भी पता है। इसके बावजूद तंबाकू का निर्माण् होता है, इसे बेचा जाता है और इसका सेवन होता है।

तंबाकू निर्माता और तंबाकू विक्रेता को तंबाकू से कोई नुकसान नहीं होगा क्योंकि वह सवेनकर्त्ता नहीं, वे व्यापारकर्त्ता हैं–लेकिन इसे खरीदने वाला उपभोक्ता जो इसे सेवन करने के लिए खरीदता है उसे समझना चाहिंए कि वह इसके सेवन से अपनी सेहत को हानि ही पहुंचा रहा है।

तंबाकू से होने वाले रोग

इससे कई प्रकार के रोग होते हैं, जैसे–फेफड़ों का कैंसर मुंह और गले का कैंसर, दिल का दौरा, पेट के रोग, अंधापन, काग की सूजन इत्यादि। इसलिए इसके आदी इंसानों को दृढ़ता से इसका सेवन करने से परहेज करना चाहिए, इसका त्याग करना चाहिए।

महानुभावों के वचन

–जो पुरुष नशीले पदार्थों का सेवन करता है वह घोर पाप करता है।

–भगवान बुद्ध

मैं चोरी से शराबखोरी को ज्यादा बड़ा गुनाह समझता हूँ।

–महात्मा गांधी

"More Poisonous than snake. Alcohal ruins one Physically, morally, intellectually and economically." *–Mahatma Gandhi*

–महात्मा गांधी

"अल्लाह ने लानत फरमाई है शराब पर, पीने और पिलाने वाले पर और किसी भी प्रकार सहयोग देने वाले पर।"–हज़रत मुहम्मद पैगंबर

नशे का सेवन करने वाला इंसान–चाहे वह शराब पीता हो या किसी अन्य नशे के विकल्प का आदी हो, वह इनका सेवन कर अपनी जिंदगी का अपमान करता है। रब ने उसे इतना खुबसूरत इंसान जीवन दिया है जिसे उसे पवित्रता से संवारना चाहिए। पर वह अपने नशे की आदत से उस जीवन की महिमा खो देता है और बिखरा रह जाता है।

पीने से पहले पीने वाले,
ज़रा इतना तो सोच लेते,
के आप पी रहे इसको,
या यह पीती आपको।

पीने वाले ज़रा उनका ही ख्याल किया होता,
जो आपकी आदत की सज़ा भुगतते हैं
जीना चाहते हैं जो हर पल आपके साथ
मगर चाहकर भी न साथ यूँ जी पाते हैं

उनकी तमाम आरजूओं का क्या सबब
जो आपकी मदहोशी के साथ तड़पती हैं
जिंदगी उनके सामने होती है मगर
इख्तियार में न कोई–
खुशी होती है,
क्या कहें ऐसे में वो बेबस हुए?
आपके नशे का जो असर झेलते हैं

ऐसी शराब से कैसा अपनापन
जो आपको अपनों से
दूर करती है,
छोड़ दीजिए नशे की बुरी आदत को
जो आपको रोग देने की
ज़हमत करती है,
यह मीठा ज़हर है जो धीरे–धीरे
आपकी जिंदगी तबाह करती है

तज दीजिए नशे की हर उस आदत को
जो मिट जाने की आपको मंजिल देती है
इसलिए कैसा साथ इस
ज़हर–ए–शराब से

जो हर हाल में सिर्फ
आपको बर्बाद करती है।

"मादक पदार्थों का सेवन करना किसी भी प्रकार से कभी भी हितकर नहीं, इनका सदैव त्याग करना चाहिए।"

10
परवरिश

परवरिश जीवन का आधार है—जो हर इंसान के जीवन में महत्त्व रखती है परवरिश इंसान को जीने का सलीका सिखाती है उसे एक जीव से इंसान बनाती है। जिस इंसान को जिस सभ्यता से, जिन संस्कारों से पाला जाता है वह वैसा ही बनता है और अपनी जिंदगी में अग्रसर होता है। इस प्रकार परवरिश महान् कर्म है जिसमें किसी प्रकार की कोई कमी या चूक नहीं होनी चाहिए।

परवरिश का महत्त्व—

किसी भी इंसान के जीवन को परवरिश से अलग नहीं किया जा सकता। परवरिश हर इंसान के जीवन में महत्त्व रखती है। जब कोई बच्चा जन्म लेकर दुनियाँ में आता है तो स्वभाव से चाहे वो कैसा भी हो, लेकिन उसे परिवार में जैसा माहौल मिलता है—इन सबका उस पर असर, प्रभाव सदैव रहता है।

आज समाज, देश, दुनियाँ में भिन्न—भिन्न प्रकार के जो भी अपराध हो रहे हैं— इन सबकी वज़ह परवरिश भी बनती है। **परवरिश केवल एक बच्चे को बड़ा करने की सभ्यता ही नहीं है बल्कि उस बच्चे को गुणों से संवारने की महानता भी है।** इस प्रकार परवरिश पवित्रता का मुकाम रखती है, जो एक नए माहौल और नए युग का निर्माण् करने की क्षमता रखती है। आज समाज में, देश में जिस अनैतिकता का फैलाव बढ़ रहा है—इसे रोकने के लिए भी परवरिश ही महत्त्वपूर्ण भूमिका निभाती है, और निभा सकती है। इस प्रकार परवरिश की

महत्त्वता को नकारा नहीं जा सकता। बुराई पर अच्छाई की जीत के लिए, असत्य पर सत्य की जीत के लिए, अनैतिकता पर नैतिकता की जीत के लिए अगर आज तैयार होने की जरूरत है, एक नए युग के निर्माण के लिए—जो नैतिकता, भारतीय सभ्यता और संस्कृति से परिपूर्ण हो, सुसज्जित हो तो ऐसे युग के निर्माण का आधार भी परवरिश से आरंभ होता है। इस प्रकार परवरिश का महत्त्व महिमापूर्ण है।

माता-पिता जीवन-दाता भी हैं, जीवन-निर्माता भी हैं

माता—पिता बहुत महत्त्वपूर्ण पक्ष हैं अपने बच्चे के भविष्य के निर्माण को लेकर। जब बच्चा जन्म लेता है तो माता—पिता उसके जन्मदाता होते हैं, वही जब वे बच्चे को जीवन में क्या बनाना है? कैसा बनाना है? किसलिए बनाना है? कैसे बनाना है? आदि की भूमिका में होते हैं तो वे अपने बच्चे के जीवन निर्माता हो जाते हैं।

आप माता—पिता हैं आपके बच्चे का भविष्य आपके हाथ में है—आप जिस रूप में, जिस आकृति में, जिस पहचान में उन्हें रचेंगे, वे वैसा ही बनेंगे। इसलिये अपने बच्चों को भारत की महान्, अलौकिक सभ्यता—संस्कृति से पालकर, उन्हें इंसान बनकर जीना सिखायें।

किसी भी युग में जब दुनियाँ में कहीं इंसान द्वारा सत्य, धर्म, (न्याय रूप में) इंसानियत की रक्षा के लिये या इनके पक्ष में कोई महान् कार्य हुआ है या किया गया है तो उस कर्म की महानता में उसके माता-पिता के द्वारा दिए हुए संस्कारों का ही प्रभाव रहा है। जो प्रभाव उसमें नैतिकता, सभ्यता, संस्कारों के रूप में उसकी आत्मशक्ति बनकर सदैव उसके साथ रहा है और इस प्रकार इसी महान् पावन शक्ति द्वारा ही वह संपूर्ण होकर एक श्रेष्ठ इंसान बना है, बन पाया है।

इतिहास में ऐसी संतानों के रूप में अनेकों उदाहरण विद्यमान हैं जो अपने माता—पिता द्वारा प्राप्त सभ्यता और संस्कारों से गुणवान

होकर अपने जीवन में महानता को प्राप्त कर आदर्शता के प्रतीक हो सके हैं। जिनमें से कुछ उदाहरण निम्नलिखित हैं:–

● प्रभु राम जी जैसे आदर्श पुत्र, जो अपने पिता जी द्वारा दिए गए आदेश (14 वर्ष का बनावास) का पालन बिना किसी सवाल किए प्रेम के साथ प्रसन्नता से करते हैं।

वही लक्ष्मण और भरत जैसे भाई–जो अपने जीवन का अर्थ अपने, बड़े भाई प्रभु राम जी की 'प्रेम भक्ति' ही मानते थे। जिन्हें जीवन में कुछ और नहीं अपने भाई का साथ चाहिये था, उनके (प्रभु राम जी के) आराधक बनकर। एक भाई (लक्ष्मण) यहां उनके साथ वन को चले जाते हैं तो दूसरे भाई (भरत) भी 14 वर्ष तक अयोध्या में उन्हीं की तरह के त्यागी जीवन द्वारा उनके इंतजार में बिताते हैं। अपनी माँ केकैयी द्वारा राज–सिंहासन के उत्तराधिकारी होने का अधिकार प्राप्त करने के बावजूद वे (भरत) इन सबका त्याग करते हैं और अपने साथ अयोध्या के राज–सिंहासन को भी 14 वर्षो तक इंतजार कराते हैं। ऐसे भाई जिन्हें अपने लिए कोई चाह, कोई अभिलाषा नहीं थी ऐसे प्रेमी भाई महान् परवरिश द्वारा प्राप्त किए संस्कारों को अपने प्रेम और त्याग द्वारा सात्विक आदर्श प्रस्तुत करते हैं।

● ऐसे ही गुरु गोविन्द सिंह जी महान् परवरिश की सभ्यता द्वारा श्रेष्ठ गुरु रूपी व्यक्तित्व हुए, जो मानवता की रक्षा के लिए सदैव तैयार रहे। जिन्होंने प्रेम, सत्य, त्याग से हिंसा पर विजय प्राप्त की।

इस प्रकार जैसे गुरु गोविन्द सिंह जी अपने माता–पिता द्वारा पवित्र, महान् संस्कार प्राप्त किए थे–उसी प्रकार उन्होंने अपने बच्चों को पाला था। गुरु गोविन्द सिंह जी के बच्चे/पुत्र, इतने मासूम होते हुए भी सत्य पर अटल थे, उन्होंने स्वमं को मिटने दिया, लेकिन बुराई,

अत्याचार, अमानवता के आगे झुके नहीं। गुरु गोविन्द सिंह जी के पुत्र बहुत कम–उम्र के थे–उस समय, जब वे सत्य की खातिर कुर्बान हो गए थे।

ऐसे महान् गुरु जी की संतान भी महान् हुई।

● इसी प्रकार शिवाजी की महानता का आधार भी संस्कार ही थे, जो उन्होंने अपनी माता जी से पाए थे। उनकी माता जी ने अपने पुत्र की परवरिश सभ्यता–पूर्ण ढंग से की थी और अपनी की गई परवरिश द्वारा केवल अपने पुत्र को पाला ही नहीं था बल्कि एक युग के महान् व्यक्तित्त्व का निर्माण् भी किया था और इस प्रकार अपने पुत्र को इंसानियत–प्रिय, न्यायशील, बहादुर, नैतिक इंसान बनाकर समाज, देश और इंसानियत को समर्पित किया था।

● इसी प्रकार झांसी की रानी, जिनका उस समय जन्म हुआ था जब भारत देश गुलामी के युग में था, रानी लक्ष्मीबाई ने–एक महिला होने के बावजूद भी अपने देश की रक्षा के लिए बहुत मेहनत की, बहुत जद्दोजहद की। **उन्होंने नारी होने के बावजूद, जो इतनी कम उम्र में भी–अपने परिवार के प्रति, देश के प्रति, इंसानियत के प्रति हर कर्त्तव्य को बड़ी जिम्मेदारी से निभाया।** वह जब तक रहीं बिल्कुल बहादुरी से उन्होंने देश के दुश्मनों का सामना किया, उनसे एक आदमी की तरह युद्ध लड़ा। अंत में भी वे बहादुरी से वीरगति को प्राप्त हुई।

यह बहादुर बालिका कैसे इतनी महान् वीर बालिका थीं, इन सबके पीछे भी परवरिश ही आधार है।

● ऐसे ही राष्ट्रपिता महात्मा गांधी जी भी एक अलौकिक व्यक्तित्त्व के स्वामी हुए। जो सत्य और अहिंसा के पुजारी थे उन्होंने अपनी इस पूजा से स्वयं को आत्मिक तौर पर इतना शक्तिशाली बना

लिया था कि इसी शक्ति (सत्य–अहिंसा) के द्वारा अपने भारत देश को स्वतंत्र करवाया।

बापू गांधी जी को सत्य और अहिंसा की पवित्र शक्ति का ज्ञान अपने माता-पिता जी द्वारा ही प्राप्त हुआ था। अत्यंत कुशलता के साथ इनके माता-पिता द्वारा इन्हें पाला गया था, इनकी परवरिश की गई थी। ऐसे संस्कार जो बिना किसी को दर्द और चोट दिए अपने देश भारत को स्वतंत्र कराने की सामर्थ्य रखते हैं—ये माता–पिता द्वारा ही प्राप्त हो सकते हैं, स्वयं सभ्य और संस्कारी माता–पिता द्वारा, जो सात्विक और आध्यात्मिक स्वभाव के हों।

महान् जिम्मेदारीः–

आज परवरिश को संभालने की जरूरत है आप अपने बच्चों को जो चाहे बना सकते हैं—सिर्फ आप–माता–पिता। **आप सिर्फ अपनी औलाद के जन्म-दाता ही नहीं, आप उनके भाग्य-विधाता भी हैं। आप उनके भविष्य के रचनाकार हैं और उनसे (आपकी औलाद से) देश-दुनियाँ के भविष्य की रचना है।** इस तरह आप पर महान् जिम्मेदारी है जो जिम्मेदारी आप द्वारा–आपकी औलाद से, समाज से, देश–दुनियाँ से भी जुड़ी है। आपसे ही (माता–पिता) देश के संपूर्ण भविष्य का आधार है और विस्तार है, इसलिए आप माता–पिता जिम्मेदारी से अपने बच्चों का पालन–पोषण कीजिए और समाज देश, दुनियाँ को सभ्यता पूर्ण, संस्कारी, नैतिक उज्जवल भविष्य दीजिए।

परवरिश नींव है सात्विकता–सदाचार की,
परवरिश नींव है भविष्य के सूरत–ए–हाल की,
इसलिए ध्यान से पालना होगा उन बच्चों को,
जो मुकद्दर हैं भविष्य की उजियार की।

महान् कर्म

गुनाहों की राह पर न वो गुमराह हो जाएं
देखना गौर से उनकी परवरिश आप करना,
बड़ी महानता है आपके कर्म में
ये सत्य सदा ख्याल रखना।

आपने जन्म दिया जिन्हें
जिनके हैं आप रहबर–
देखना न बुरी संगत में वो रहें,
न ही किसी बुराई में वो पड़ें,
तक़द्दुस से जीने का
आप उनमें एतिकाद भरना,
बड़ी महानता है आपके कर्म में
ये सत्य सदा ख्याल रखना।

सिर्फ जन्म देना ही
न काफी हो जाता है,
अदब–ओ–सलीके से
उन्हें पालना भी है जरूरी,
जिस हवा में बह रहा है
दौर–ओ–ज़माना ये–
उस माहौल में उन्हें
संभालना भी है जरूरी,
आपके हाथ है आपके मासूमों की पतवार
ये हमेशा आप याद रखना,

बड़ी महानता है आपके कर्म में
ये सत्य सदा ख्याल रखना,

गुनाहों की राह पर न वो गुमराह हो जाएं
देखना गौर से उनकी परवरिश आप करना,
बड़ी महानता है आपके कर्म में
ये सत्य सदा ख्याल रखना।

11
गीत माला

अरमान

सारी दुनियाँ में सबसे ऊँचा–
रहे भारत देश का मुकाम,
हर भारतीय का है ये अरमान–2

हर तरफ खुशहाली हो,
सुखों की हरियाली हो,
खिले हर होठों पर मुस्कान,
हर भारतीय का है ये अरमान।

सारी दुनियाँ में सबसे ऊंचा–
रहे भारत देश का मुकाम,
हर भारतीय का है ये अरमान।

हम सबको एक होकर आगे बढ़ना होगा,
जाति–धर्म से परे इंसान बनना होगा,
रहे भारत की ऊंची शान–
हर भारतीय का है ये अरमान।

सारी दुनियाँ में सबसे ऊंचा–
रहे भारत देश का मुकाम,
हर भारतीय का है ये अरमान,
हर भारतीय का है ये अरमान।

अमर प्रेम मशाल

आओ अमर वो मशाल जगाएं,
सब मिल प्रेम की उजियार फैलाएं।

मोहलतों की आस में जो वक्त न गवाएं तो
तब ही देश में वो फिर मुबारक समय आएगा
जब सभी एक होकर गीत मिलन के गाएंगे
वतन की बंदगी में जब हर कोई झूम जाएगा

कोई न भेदभाव का
जब मन में ख्याल जगाए

आओ अमर वो मशाल जगाएं
सब मिल प्रेम की उजियार फैलाएं

अभी नाउम्मीद नहीं, न ही वेआस हुए
वतन के इस विश्वास से जगमग हर विश्वास जगे
वेशक वतन में चाहे हो
इंसानियत की ज्यादा ख़िलाफत भी
मगर फिर भी कमी नहीं है
वतन के नाम जीने वालों की भी
संख्या से नहीं गुणवत्ता से
सदा भारत को महान् बनाएं

आओ अमर वो मशाल जगाएं,
सब मिल प्रेम की उजियार फैलाएं।

जिंदगी

रब की कुदरत की इनायत है जिंदगी
चमकती सुबह की ज़ियारत है जिंदगी।

रची है कायनात जिस मकसद से रब ने,
उस कर्म की पाक इबादत है जिंदगी।

रब की कुदरत की इनायत है जिंदगी
चमकती सुबह की जियारत है जिंदगी।

यूँ ही मिलता नहीं बार–बार मानुष होना,
सत्य की मुकद्दस इबारत है जिंदगी।

रब की कुदरत की इनायत है जिंदगी
चमकती सुबह की ज़ियारत है जिंदगी।

जिंदगी का सफर

जिंदगी का सफर
वेशक आसां नहीं है
मगर हौंसलों से न
कमज़ोर पड़ना है आपको

हर कदम पे, हर राह
बेहिसाब कांटे भी हैं
मगर खुद पे ऐतवार कर
सफर तय करना है आपको

जिंदगी का सफर
वेशक आसां नहीं है
मगर हौंसलों से न
कमज़ोर पड़ना है आपको

संघर्षों का मौसम सदा
रहता है जिंदगी में
मगर हर दौर से
मुस्करा कर निकलना है आपको

जिंदगी का सफर
वेशक आसां नहीं है
मगर हौंसलों से न
कमज़ोर पड़ना है आपको

आज़माईशों से बड़ा गहरा
रिश्ता है जिंदगी का
वेशक जद्दोजहद से
पड़े जीतना है आपको

जिंदगी का सफर
वेशक आसां नहीं है
मगर हौंसलों से न
कमज़ोर पड़ना है, आपको

हार–जीत का सिलसिला तो
रिवायत है जिंदगी की
हर उलझन में भी इत्मीनान से
बुलंद होना है आपको

जिंदगी का सफर
वेशक आसां नहीं है,
मगर हौंसलों से न
कमज़ोर पड़ना है आपको।
मगर हौंसलों से न
कमज़ोर पड़ना है आपको।

खुद पे ऐतवार करके

मुश्किलातों के दौर में भी
आपको मुस्कराना होगा,
खुद पे ऐतवार करके
हर उलझन को सुलझाना होगा।

खुद अपना साथी बनकर
नेक इरादों से—
अपनों की दुआ से आपको
मंजिल को पाना होगा।

कांटो की राहें भी
फूलों सी महसूस होंगी,
हौंसलों की दृढ़ता से—
जब आगे बढ़ जाना होगा।

न टूट जाना, न बिखरना
होना न मायूस कभी,
जिंदगी के हर इम्तिहान में सदा
अव्वल आपको आना होगा।

मुश्किलातों के दौर में भी
आपको मुस्कराना होगा,
खुद पे ऐतवार करके
हर उलझन को सुलझाना होगा,

खुद पे ऐतवार करके
हर उलझन को सुलझाना होगा।

युवाओ जिम्मेदारी से

युवाओ जिम्मेदारी से आप
अपने फर्ज़ पर नज़ारत रखना,
देश के आलोकित आज
आप कल भी संभाल रखना।

जिस सभ्यता से पालोगे बच्चों को
जैसे संस्कारों में उन्हें रचाओगे,
वैसी ही महक में वो महकेंगे
जो महक आप उनमें बसाओगे,
देश के भविष्य की बुनियाद को
आप गुणों से निखार रखना,

युवाओं जिम्मेदारी से आप
अपने फर्ज़ पर नज़ारत रखना,
देश के आलोकित आज
आप कल भी संभाल रखना।

कोई किसी पे आप इनायत न कर रहे
जबकि अपना ही कल आप संवारोगे,
आप देश के भविष्य का तकदीर–ए–तब्बुसम हो
जैसा रखोगे आधार वैसा पाओगे,
यूँ वक्त के तक़ाजे को
आप न नज़रअंदाज करना,

युवाओं जिम्मेदारी से आप
अपने फर्ज़ पर नज़ारत रखना,
देश के आलोकित आज
आप कल भी संभाल रखना।–२

नोटः–प्रस्तुत गीत में 'युवाओं' शब्द से अभिप्राय है–जो युवा वर्तमान में माता–पिता हैं।

फर्ज़ और वतन

देखना कोई न हो अलग
अपने फ़र्ज़–ए–अदब से,
के कोई भी मुक्त नहीं है
वतन की मेहर–ए–कर्ज़ से।

दर्द से सराबोर है अपने वतन की आत्मा,
खो रही इंसानियत, मुफलिस भुगत रहे यातना,
बेबस क्यों लग रही है–
अपने वतन में शराफत यूँ,
के वे आस हो मिट रही समाज में मंगल–भावना
कुछ ज़माना–ऐ–हर्ज़ से,

देखना कोई न हो अलग
अपने फर्ज़–ए–अदब से,
के कोई भी मुक्त नहीं है
वतन की मेहर–ए–कर्ज़ से।

है ये सौभाग्य हम भारतीय हैं
महान् संस्कृति के वंशज्,
सदा हमें है गुणों से खिलना
जैसे खिलता पावन पंकज,
सबको है मिलकर यहाँ प्रेम से रहना

ये देश है सबसे प्यारा,
आबाद देश की सदा रहे एकता
न टूटे कभी भाई–चारा,

महफूज रहे वतन में अपनेपन का मौसम,
हर नफ़रत–ए–दर्ज़ से,

देखना कोई न हो अलग
अपने फर्ज़–ए–अदब से,
के कोई भी मुक्त नहीं है
वतन की मेहर–ए–कर्ज़ से,

के कोई भी मुक्त नहीं है
वतन की मेहर–ए–कर्ज़ से।

बेटी की फ़रियाद

माँ मुझे खुद से अलग न आप होने देना—
दुनियाँ वालों के भ्रमों और धारणाओं के कारण,

माँ मैं जानूं आप भी मुझे पाना चाहें,
अपने हाथों में उठाकर आप भी
मुझे सीने से लगाना चाहें,

माँ मैं जानूं आपके आंसूओं का दर्द
आप भी बेबसी की जंजीरों में
हैं झकडी हुई यूँ—
जैसे आज़ादी से पहले
गुलामी में झकड़ा था भारत देश माँ,

माँ फिर से क्रांति आने दो
नारी को स्वतंत्र हो जाने दो,
इस पुरुषनुमाँ गुलामी से
इक माँ को उभर आ जाने दो,

माँ तोड़ दो पुरुष समाज की—
सारी आप ऐसी दीवारें वो,
जो नारी के अस्तित्त्व को
मिटाने की मंशा रखती हैं,

माँ लेकर जन्म मैं भी
इस ज़हान आना चाहती हूँ,

न के जन्म से पहले मिटकर
रूख़सत हो जानी चाहती हूँ,
मैं हूँ आपका अंश माँ
आपकी हूँ मैं परछाई–

नहीं बिखरना चाहती माँ यूँ
कतरा–कतरा टूटकर
मैं भी आपके घर,
माँ संवरना चाहती हूँ,

माँ मुझे मौत की वेवज़ह
इस तपती धूप से बचालो,
अपने आंचल की माँ आप
ठंडी महफूज छैया करके,

माँ मैं भी कोयल की तरह
जीवन बगिया में गुनगुनाना चाहती हूँ,
माँ बनके आपके जीवन की खुशी
मैं नन्हीं कली मुस्कराना चाहती हूँ,

बन पाऊँ मैं हर्ष बाबूल का
यही रब से दुआ मैं मांग रही,
हो जाए उन्हें भी मेरी चाहत–
यही रब से इनायत चाह रही,

मेरी माँ, मेरे बाबूल जी–

मैं भी जिंदगी के मुकाम चढ़ना चाहती हूँ,
सारे जहां में मैं भी–
कामयाबियों की ऊंची उड़ान उड़ना चाहती हूँ,
बाबूल जी मैं आपका मान सदा और
माँ आपकी मुस्कान बनना चाहती हूँ

मैं भी इस जहाँ लेकर जन्म
आपके नाम से पा बेटी की पहचान खिलना चाहती हूँ।

आपके नाम से पा बेटी की पहचान खिलना चाहती हूँ

सदियों से इंसाफ जुटाती नारी

सदियों से सहा है इतना
के तहरीरें भी कम पड़ जाएगी,
क्योंकि नारी है क्या इसलिये–
इसकी पुकार अनसुनी ही रह जाएगी।

किसी युग में है पूरी तरह
नारी को न कभी सम्मान मिला,
क्या आज भी नारी यूँ ही
अपमानित हुई रह जाएगी,
क्योंकि नारी है क्या इसलिए–
इसकी पुकार अनसुनी ही रह जाएगी

सदियों से सहा है इतना
के तहरीरें भी कम पड़ जाएगी,
क्योंकि नारी है क्या इसलिए
इसकी पुकार अनसुनी ही रह जाएगी।

नवाज़ी गई है नारी को यह पद्वी यहाँ–
के वह इंसाफ की देवी है,
पर जुल्म–स्तिम सहतीं खुद कब?
अपने लिए इंसाफ जुटा पाएगी।
क्योंकि नारी है क्या इसलिए–
इसकी पुकार अनुसुनी ही रह जाएगी

सदियों से सहा है इतना
के तहरीरें भी कम पड़ जाएंगी,
क्योंकि नारी है क्या इसलिए–
इसकी पुकार अनसुनी ही रह जाएगी।–२

इंसानियत और इंसान

आज इंसानियत का स्वभाव खोने लगा इंसान,
सिर्फ अपने लिए जीने का अरमां अब पिरोने लगा इंसान।

कोई कहाँ? किसलिए? कितना दर्द में है?
इन सबसे वेखबर रहना अब चाहता इंसान
अब क्यों वह किसी की फिक्र में तड़पता यूं भटके?
इसलिए खुद को जरूरतमंदों से अलग अब रखता इंसान
अब किसी पे बीते आलम के दर्द में
हमदर्द नहीं होने लगा इंसान,

आज इंसानियत का स्वभाव खोने लगा इंसान
सिर्फ अपने लिए जीने का अरमां अब पिरोने लगा इंसान।

इंसान से समाज है–
थी जो कल सभ्यता वो ही आज है,
बस फर्क इतना है अब के–
थी पहले अटूट इंसानियत यहाँ प्रेम से
अब स्वार्थ से यहाँ टूट रहा समाज है,
किसी से ऐसे में रंज–ओ–गिला–शिकवा भी कैसा
हक़ है हर इंसान को जब जिंदगी अपनी जीने का
वेशक के जिस जीने के इख्तियार–ए–अंदाज में
इंसाँ खुद की खातिर किसी के वासते भी–
तय स्तिम–ए–फैसला हो कर रहा,
यही वज़ह है कि किसी का भी अब

बैरी होने लगा इंसान,
आज इंसानियत का स्वभाव खोने लगा इंसान,
सिर्फ अपने लिए जीने का अरमां अब पिरोने लगा इंसान।

जीना वो जीना नहीं
जिस जीने में सिर्फ अपनी बात हो,
जीना वो जीना है जिसमें
दूसरों की खातिर कुर्बानियों की बरसात हो,
क्यों कुछ इंसानों की वज़ह से?
गुमराह हो रहा यूँ है आलम सारा,
के जिस जहाँ में थे प्रेम के सागर उमड़ते
अब वहाँ है होने लगा नफरत का पसारा,
अब भी नहीं हुई इतनी देर के
न संभाल पाएं जो ऐसे माहौल को,
के यहाँ मानवता को भुलाकर
है ख्वाब संजोने लगा इंसान,

आज इंसानियत का स्वभाव खोने लगा इंसान,
सिर्फ अपने लिए जीने का अरमां अब पिरोने लगा इंसान।

ये हक़ीकत है–
न जिससे इंकार किया जा सकता,
के प्रेम, सत्य, नैतिकता से–
अलग हो रहा है भारतीय समाज आज,
जो वज़ह है देश में अपराधों की भी,
जो वज़ह है टूटे ज़ज़्बातों की भी,

क्यों अब तलक भी ऐसे में
अंजान–ओ–वेखबर हैं वो?
संजीदगी से इंसान होकर
न जी पा रहे हैं जो,
थोड़ी–सी बुराई भी क्यों?
नापाक कर पाए माहौल को,
इसलिए जागृत होकर देश को
संभालना होगा नए आगाज़ से,
भारत–भविष्य की खातिर
यूं फिक्र–ए–अंदाज से,
खासकर उनसे–
जो मानवता को मिटाकर
अरमान पिरोने लगा इंसान,

आज इंसानियत का स्वभाव खोने लगा इंसान
सिर्फ अपने लिए जीने का अरमां अब पिरोने लगा इंसान।

इंसान बनना रहे

नफरत की आंधियों को प्रेम से शांत करना रहे,
पाया है इंसां जीवन तो इंसान बनना रहे।

मधुर अपनेपन से संभालना भाईचारा–
न नीयत अपनी बिगाड़ना शुद्ध रखना मन का द्वारा
सदाचार के उजाले से इंसानियत को करना आलोकित,
देखना कभी न टूटे ये बंधन पावन प्यारा–
चाहे संघर्षों की राह पर भी क्यों न चलना रहे,
पाया है इंसां जीवन तो इंसान बनना रहे,

नफरत की आंधियों को प्रेम से शांत करना रहे,
पाया है इंसां जीवन तो इंसान बनना रहे।

बुरी संगत का असर हो,
या चाहते वेसब्र हों–
इतना हक़ न खुद को देना–
के जिंदगी अपराधों की डगर हो,
ऐसा मौका भी क्यों आए के उलझनों से–
फिर मुश्किल या नामुकिन भी उभरना रहे,
पाया है इंसां जीवन तो इंसान बनना रहे,

नफरत की आंधियों को प्रेम से शांत करना रहे,
पाया है इंसां जीवन तो इंसान बनना रहे।

नफरत की आंधियों को प्रेम से शांत करना रहे,
पाया है इंसां जीवन तो इंसान बनना रहे।

सबसे पहले खुद को खुद से आप बचाना,
न व्यर्थ की हसरतों में जीवन को भटकाना,
मिला जो आपको इंसां जीवन, इसकी कद्र कीजिएगा
अपने जीवन के अर्थ का बनाके उज्जवल मुकाम
सत्य की जीत की खातिर हर संभव–
योगदान करना रहे
पाया है इंसां जीवन तो इंसान बनना रहे

नफरत की आंधियों को प्रेम से शांत करना रहे
पाया है इंसां जीवन तो इंसान बनना रहे–
इंसान बनना रहे।

हर धर्म ने प्रेम का वरदान दिया है

हर धर्म ने प्रेम का
इंसां को वरदान दिया है,
पर इंसां ने ही इस सत्य का
न सम्मान किया है।

जाति–धर्म के नाम पर
बाँट दिया है देश को,
कुछ ऐसे देश के लोगों ने
नफरत से छांट दिया है देश को,
इंसानियत की इबादत में जीना
ऐसे लोगों ने न स्वीकार किया है

हर धर्म ने प्रेम का
इंसां को वरदान दिया है,
पर इंसां ने ही इस सत्य का
न सम्मान किया है।

प्रेम में न कोई अपना–बेगाना
प्रेम ही सच्चा तीर्थ,
जिसने जिया न कभी प्रेम से
उसने जिया कैसा जीवन,
नफरत बांटने वालों ने
रब को भी रूसवा किया है

हर धर्म ने प्रेम का
इंसां को वरदान दिया है
पर इंसां ने ही इस सत्य का
न सम्मान किया है।–२

धर्मनिरपेक्षता का पावन ज्ञान

सीख लो सैनिक–जवानों से
धर्मनिरपेक्षता का पावन ज्ञान,
और कोई न सिखा सकेगा
इनसे बढ़कर इस ज़हान।

भेदभाव से दिन–वे–दिन
देशवासियों में दूरियां बढ़ रहीं
जिनकी वज़ह है सिर्फ
जाति–धर्म ही बन रही,
देशद्रोही न बनो नफ़सानियत से जीने वालो,
देश की इबादत में, धर्मनिरपेक्षता से–
जीना सीख लो आप भी ज़रा सैनिक–जवानों से,
और कोई न सिखा सकेगा
इनसे बढ़कर इस ज़हान,

सीख लो सैनिक–जवानों से
धर्मनिरपेक्षता का पावन ज्ञान।

फिक्र है देखकर जो माहौल देश में गहरा रहा,
ऐसा ही रहा तो सामने वो मंजर भी नज़र है आ रहा,
तक़सीम हो जाएगा जाति–धर्म के नाम जब हिंदोस्ता,
फिर न खिलेगा एक हो इंसानियत से यहाँ कोई अरमाँ,
फिर भी ऐसे में अब भी ऐतवार है उनपे बाकी
भेदभाव की असभ्यता में गुमराह हो रहे हैं जो,

सीखें वे जरा इनसे
देश प्रेम की खुश्बू से—
जो ज़मीं देश की महकाते,
इंसांनों को मिलकर आपस में—
जो प्रेम से रहना सिखाते,
नियमों, अनुशासन में रहकर
सबको देश में एक समझना—सीख लो सैनिक जवानों से
और कोई न सिखा सकेगा
इनसे बढ़कर इस ज़हान,

सीख लो सैनिक—जवानों से
धर्मनिरपेक्षता का पावन ज्ञान,
और कोई न सिखा सकेगा
इनसे बढ़कर इस ज़हान।

भारत जैसा कौन है देश इस ज़हान?

अपने भारत जैसा कौन है?
दूजा देश इस ज़हान,
रहे देश अपना सलामत सदा,
यही दुआ, यही अरमान।

आज देख के देश के हालात
इंसानों की अखियां बरस पड़ती हैं,
रोके भी न रूकते अश्क
जब हर तरफ अपराध, बुराईयां नज़र पड़ती हैं,
आए न देश पे आंच भी कभी
मेरा देश मेरी पहचान,

रहे देश अपना सलामत सदा
यही दुआ, यही अरमान,
अपने भारत जैसा कौन है?
दूजा देश इस ज़हान।

किसी गैर से क्या शिकवा?
अपने देश को अपने ही तोड़ रहे,
भिन्न–भिन्न तबकों में बंटकर
इंसां को इंसां से तोड़ रहे,
ऐसे लोगों को क्या मिल जाएगा
जो अपने स्वार्थ की खातिर
पहुंचा रहे देश को नुक्सान,

रहे देश अपना सलामत सदा
यही दुआ यही अरमान,
अपने भारत जैसा कौन है?
दूजा देश इस ज़हान।

देश ही बंदगी,
देश ही हर आरज़ू,
मेरे देशप्रेमियों सुनो देश की पुकार
कभी धीमी न पड़े–
'हम एक हैं' एकता की रफ्तार,
प्रेम और सत्य से देश को जगमगा
महिमा यूं देश की सदा रखना आप महान्,

रहे देश अपना सलामत सदा
यही दुआ यही अरमान,

अपने भारत जैसा कौन है?
दूजा देश इस ज़हान,
रहे देश अपना सलामत सदा
यही दुआ, यही अरमान।–२

भारतीय भाषा संस्कृति का हाल-ए-ब्याँ

हम हैं इसी देश की जुबां
पर दिल से न हमें कबूला गया
अपने ही घर में, अपनों ने है–
गैरों–सा सलूक किया।

किससे ब्यां अपनी करें
जो भी मौजूदा दौर सबको–
शायद हमसे परहेज है,
इसीलिए गैर जुबां के लिए
हमें नज़रअंदाज किया गया,
अपने ही घर में, अपनों ने है–
गैरों–सा सलूक किया,

हम हैं इसी देश की जुबां
पर दिल से न हमें कबूला गया।

नहीं अदब–ओ–संजीदगी से हमें
अपनाना चाहे कुछ खास शिक्षित वर्ग,
वेशक के संविधान में हम
राष्ट्रभाषा कहलाती हों,
या प्रदेशों में भारत के
प्रादेशिक भाषा हो जाती हों,
लेकिन हक़ीकत में हम यहां
अपनी पहचान से भी अन्जान हैं,
क्या जगह है अपनी देश में?

ये जानने का अरमान है,
अब तक के न देश में नीयत से
हमें रूतबा और सम्मान मिला,
अपने ही घर में, अपनों ने है–
गैरों–सा सलूक किया

हम हैं इसी देश की जुबां
प्रर दिल से न हमें कबूला गया।

नाता अपना देश से
सदियों सदा पुराना है,
फिर चाहे हमसे कर रहा भेदभाव–
ये आज नया जमाना है,
अतुलनीय है भारतीय भाषा संस्कृति
इस सत्य को हर कोई माने यहां,
लेकिन प्रेम से अपनाना हमें
न चाहे ये दौर–ए–ज़माना है,

घायल है आत्मा इस तरह
देश में राष्ट्र–भाषा की,
ऐसा ही हाल है राज्यों में
राज्य भाषाओं का भी,
उस इंतजार में है–
भारतीय भाषा संस्कृति,
जब नैतिकता से वतन में इन्हें
अपना स्थान मिलेगा,

संविधान के तहत् जब इन्हें
भारत में सम्मान मिलेगा,

संविधान के तहत् जब इन्हें
भारत में सम्मान मिलेगा।

भारत की दिव्य संस्कृति

मुतासिर है सारा ज़माना
भारत की दिव्य संस्कृति से,
जो सिखाती है मानव को जीना
प्रेम सत्य की नीति से।

विश्व को एक परिवार समझता
भारत सदा संतोषी है,
जो आता न हो सभ्यता से पेश–
उसका भी भारत सहयोगी है,
सारी दुनियां से बंधन निभाए
प्रेम–सत्य की नीति से,
मुतासिर है सारा ज़माना
भारत की दिव्य संस्कृति से।

मानवता के मंगल की खातिर
तैयार रहे एक हो सारा जहाँ,
देती है सभी को उपदेश यही–
भारत की अलौकिक पावन संस्कृति,
आबाद रहे दुनिया में इंसानियत–
प्रेम–सत्य की नीति से,

मुतासिर है सारा जमाना
भारत की दिव्य संस्कृति से–२
जो सिखाती है मानव को जीना
प्रेम–सत्य की नीति से,
प्रेम–सत्य की नीति से।

जीवनदाता, प्रथम गुरु-उन्हें ये भी आप देना ज्ञान

दिया है जन्म आपने जिनको
उन्हें ये भी आप देना ज्ञान,
सब जीवों से श्रेष्ठ इंसां–जीवन–
जिएं वो बनकर पावन–गुणवान।

आप ही उनके जन्म दाता
आप ही उनके प्रथम–गुरु हैं,
जो सिखाएंगे आप उनको
उससे ही उनका जीवन शुरू है,
उनका जीवन नैतिकता की नींव–
आप बना देना वरदान।

दिया है जन्म आपने जिनको
उन्हें ये भी आप देना ज्ञान।

पाके उत्तम इंसान–ए–जिंदगी
अपने लिए ही न जाए जिया,
सारी कायनात के कर्ज़दार हैं
इस सत्य को क्यों भूल जाना किया?
इंसां है तो इंसान बनकर
एक हो जीना प्रीत से महान्।

दिया है जन्म आपने जिनको
उन्हें ये भी आप देना ज्ञान

राष्ट्र–भक्ति उनमें जगाना
मानवता का पाठ पढ़ाना,
भेदभाव न करें वे किसी से
समानता की सभ्यता उन्हें समझाना,
अपने कर्म से, अपने वतन की
वे रखें बुलंद सदा शान–ओ–मान।

दिया है जन्म आपने जिनको
उन्हें ये भी आप देना ज्ञान।

इंसानियत के खिलाफ जो रवैया
मौजूदा दौर में है बना,
अपने बच्चों को आप ऐसे वेअदब–
सलूक–ए–समां से बचा लेना,
बुराई से उनको परहेज करने का–
अच्छाई से जुड़ने का देना ज्ञान।

दिया है जन्म आपने जिनको
उन्हें ये भी आप देना ज्ञान,
सब जीवों में श्रेष्ठ इंसां–जीवन–
जिएं वो बनकर पावन गुणवान।

आज के बच्चे हैं कल के भारत का निर्माण

आज के बच्चे हैं कल के भारत का निर्माण,
भारत भविष्य की तस्वीर हैं ये,
भारत भविष्य की मुस्कान।

निहारा है जिस भारत को तसोब्बुर में,
ये बच्चे हैं उस भारत की मुकद्दस पहचान,

आज के बच्चे हैं कल के भारत का निर्माण,
भारत भविष्य की तस्वीर हैं ये,
भारत भविष्य की मुस्कान।

वतन के ख्वाबों की ताबीर,
ये कल के भारत की तहरीर,
शालीनता से सिखाना हैं इन्हें–
प्रेम–भाईचारे का मधुर गान,

आज के बच्चे हैं कल के भारत का निर्माण्
भारत भविष्य की तस्वीर हैं ये,
भारत भविष्य की मुस्कान।

कितनी जिम्मेदारी से–
ये बच्चे हैं देश की उम्मीदें,
इन्हें है अदब से यूँ संवारना
जो देश की छवि खिले महान,

आज के बच्चे हैं कल के भारत का निर्माण,
भारत भविष्य की तस्वीर हैं ये,
भारत भविष्य की मुस्कान।

विश्वास की शक्ति

विश्वास की शक्ति से ही–
जीवन अज़ीम हो पाए,
वो ही कर सकें औरों को शाद
जिन्हें खुद मुस्कराना आए।

संभव है उनका जीतना
हर उलझन, हर मुश्किल में,
जो हारकर नहीं टूटते
बढ़ाते हैं कदम निश्चय कर–
जिंदगी के इम्तिहान–ए–सफर में,
वो ही बन सकें औरों का उम्मीद–ए–चिराग
जिन्हें खुद जगमगाना आए,

विश्वास की शक्ति से ही–
जीवन अज़ीम हो पाए,
वो ही कर सकें औरों को शाद
जिन्हें खुद मुस्कराना आए।

प्रेम की महिमा से कोई
इंसानियत को एक जब करता,
सच्चाई से जीने का सबमें
एतिमाद है जब कोई भरता,
वो लौ विश्वास की ही है
जो जीना हौंसलों से सिखाए,
मिले कामयाबी तभी ही

जब श्रद्धा से कुछ कर पाएं–
वो ही कर सकें औरों को शादाब
जिन्हें खुद लहलहाना आए,

विश्वास की शक्ति से ही
जीवन अज़ीम हो पाए,
वो ही कर सकें औरों को शाद
जिन्हें खुद मुस्कराना आए।

मुंतजर है वतन की आत्मा

मुंतजर है वतन की आत्मा
के वो दौर भी आएगा,
जब हर कोई मेरी हद–ए–ज़मीं पर
सत्य से पावन हो जाएगा।

राष्ट्र–धर्म की इबादत में
केवल भारतीय होकर,
जब हर कोई मेरी हद–ए–ज़मीं पर
प्रेम से एक हो जाएगा,

मुंतजर है वतन की आत्मा।

हर हिंसा को ठुकरा,
'जियो और जीने दो' का स्वभाव अपनाकर,
जब हर कोई मेरी हद–ए–ज़मीं पर
अहिंसा का अदब अपनाएगा,

मुंतजर है वतन की आत्मा।

नफ़रत के दायरे तोड़कर,
भेदभाव को नकारकर,
जब हर कोई मेरी हद–ए–ज़मीं पर
सदाचार से इंसानियत अपनायेगा,

मुंतजर है वतन की आत्मा।
बिना किसी पक्षपात के,
कानून–ओ–कायदे से सदा,
जब हर कोई मेरी हद–ए–ज़मीं पर
समान अधिकार पाएगा,

मुंतजर है वतन की आत्मा।

अमीरी–गरीबी के आधार पर नहीं–
केवल सत्य की बुनियाद पर,
जब हर कोई मेरी हद–ए–जमीं पर
नीयत से न्याय पाएगा,

मुंतजर है वतन की आत्मा।

गुनेहगार हैं जो मानवता के,
उन बदनीयतों से वेखौफ होकर–
जब हर कोई मेरी हद–ए–जमीं पर
महफ़ूज़ माहौल में मुस्कराएगा,

मुंतजर है वतन की आत्मा,

मुंतजर है वतन की आत्मा।
के वो दौर भी आएगा,
जब हर कोई मेरी हद–ए–ज़मीं पर
सत्य से पावन हो जाएगा।–२

12
उपसंहार

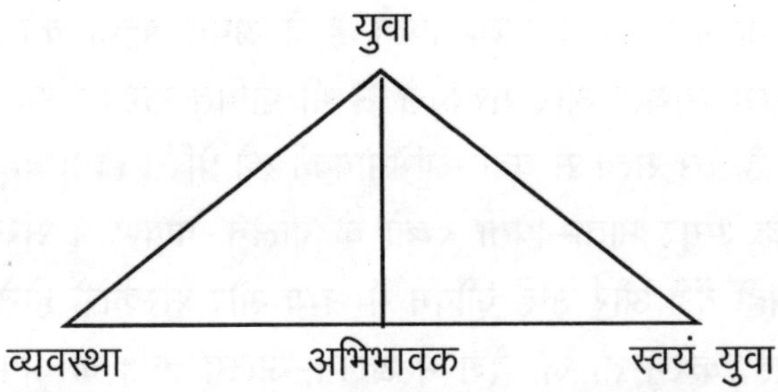

चाहे वो युवा व्यवस्था में हों, चाहे वो युवा अभिभावक हों और चाहे वो युवा अभी युवा वर्ग में कदम रखे हों–इन तीनों युवा वर्ग को एकजुट होकर अपने–अपने स्थान पर इस तरह से कर्मरत होना होगा कि हमारे देश का भविष्य सभ्य, संस्कारी और व्यवस्थित बन सके।

व्यवस्था से जुड़े युवा (राजनैतिक वर्ग)–

व्यवस्था से जुड़े युवा व्यवस्था को इस तरह से मजबूत करें कि व्यवस्था समाज और देश के हित में व्यवस्थित हो। जिसमें किसी भी वर्ग के लिए पक्षपात का रवैया न हो, बल्कि सत्य के पक्ष में सभी वर्गों के साथ समानता का सलूक हो। भ्रष्टाचार मुक्त देश हो, जाति–धर्म से परे हक़ीकत में व्यावहारिक रूप से भारत धर्म–निरपेक्ष देश हो। जिस देश में किसी भी अपराधी को जो इंसानियत को चोट पहुंचाए, उसके गुनाह को नज़रअंदाज न किया जाए। यहां देश के हर छोटे–बड़े विभाग में कर्मचारियों की नियुक्तियां नियमों से मजबूत और व्यवस्थित हों। यहां देश में शांति, एकता और भाईचारे की मजबूती हो–ऐसे देश का पुनः निर्माण् करने के लिए व्यवस्था से जुड़े युवा तैयार हों और कर्म–पथ पर आगे बढ़ते हुए फिर से भारत को अपने

वास्तविक स्वरूप से मेल कराएं और एक नए भारत का निर्माण कर भारत की सुंदर एवं महान् छवि को और निखार प्रदान करें।

अभिभावकों के रूप में युवा

जो आज के युवा माता–पिता हैं वे अपने बच्चों को शिक्षा के साथ–साथ सभ्यता और संस्कारों से भी पोषित करें। संस्कार जीवन की नींव है इस सत्य से युवा–अभिभावकों को प्रेरित होना बहुत जरूरी है क्योंकि अगर माता–पिता बच्चों के पालन–पोषण में संस्कारों को महत्त्व नहीं देंगे और उन्हें जीवन में सभ्य और संस्कारी होने के लिए प्रेरित नहीं करेंगे तो जो देश में अलग–अलग तरह के अपराध और गलत मानसिकताएं आज देख पा रहे हैं भविष्य में ये सब बहुत बढ़ जाएगा। और उस समय इतनी देर होना भी मुमकिन है कि फिर कोई सुधार किया जाए। इसलिए युवा अभिभावकों को भी अपने देश और बच्चों के प्रति अपने कर्त्तव्यनुमा कर्म को समझना होगा। जो उनके हित में भी होगा, उनके बच्चों के हित में भी होगा और भारत देश हित में भी होगा।

नव युवा–

आज के बच्चे कल के युवा हैं और जो कल बच्चे थे–वे मौजूदा युवा हैं। मौजूदा युवा जिन्होंने अभी–अभी युवा वर्ग में कदम रखा है अन्य युवाओं की तरह ये नव युवा भी अपने कर्त्तव्यों के प्रति जागरूक होने चाहिए। इस नई युवा–पीढ़ी को स्वयं को हर बुरी संगत से बचाना होगा और बुराईयों से मुंह मोड़कर अच्छाईयों को अपनाते हुए एक निर्मल, सदाचारी सभ्य, सुसंस्कृत और स्वस्थ भारत का निर्माण् करने के लिए इस प्रकार स्वयं को तैयार करना होगा।

भारत भविष्य् हैं आप–युवा

टूटी उम्मीदों का
बुलंद ऐतबार हैं आप
भारत भविष्य का
फज़र–ओ–आगाज़ हैं आप

बुझे अरमानों को अभी भी
आपसे उम्मीदें हैं
अनैतिकता की आंधियों में
सदाचार की उजियार हैं आप

भारत भविष्य का
फज़र–ओ–आगाज़ हैं आप

शाद भारत की मुस्कान रहे
आबाद देश का
हर इंसान–ए–ईमान रहे
हर इल्तिज़ा की
इनायत–ए–महताब हैं आप

भारत भविष्य का
फज़र–ओ–आगाज़ हैं आप

जागरूक होना होगा
अब देश को यूं
के फिर न कोई

बेअदब उभरे
बेकायदा समाज की
यक़ीन–ए–शादाब हैं आप

भारत भविष्य का
फज़र–ओ–आगाज़ हैं आप

टूटती उम्मीदों का
बुलंद ऐतवार हैं आप
भारत भविष्य का
फज़र–ओ–आगाज़ हैं आप।

■■■